55歳からのリアルな働き方

人材開発コンサルタント
田原祐子
yuko tahara

かんき出版

はじめに

人生100年時代、50代からのセカンドキャリアをどう生きるか?

55歳の「役職定年の壁」は、着実に近づいている！

この本を手に取ってくださった、あなたへ質問です。

「セカンドキャリア」。

この言葉から、あなたは、どのような人生をイメージされるでしょうか。たとえば、

・少しゆっくりできる、リタイア後の人生

・ファーストでなく、セカンドだから、一軍落ちの二軍

・じつは、あまり考えていないが、やがて直面する真剣な課題

などでしょうか。

もしかすると、具体的なイメージやモチベーションが湧かず、

「そろそろ、『意識しないといけない』時期だけれど、具体的に何をどうすればいいかは思い浮かばない……」

という方も、いらっしゃることでしょう。

しかし、**55歳の「役職定年の壁」は、着実に近づいてきます**。今のあなたは、そん

な立場が現実になりつつあるのではないでしょうか。

「同じ仕事をして、報酬が下がる」という理不尽さを感じてはいるものの、まったく別の仕事に就く勇気を振り絞る気力も薄れてしまっている状態かもしれません。

ふだんは仕事で忙しく、ご自身のことを振り返る気持ちのゆとりがない状態でも、ふとした瞬間に、

「もう、こんな年齢になってしまったのか……」

と、不安な気持ちになる方もおられることでしょう。

そんなあなたに、ぜひ、お伝えしたいことがあります。

ミドルマネジメントこそ若手にない力を持っている

申し遅れました。私は、田原祐子《たはらゆうこ》と申します。現在、設立25周年を迎えるコンサルティング会社を経営し、日本ナレッジ・マネジメント学会の理事、専門職大学院の教授として、官僚や企業等の経営者、ミドルマネジメント（中間管理職）の方々に、**「ナレッジ・マネジメント（暗黙知《あんもくち》の形式知化）」**と**「経験知《けいけんち》」**の重要性をお伝えしています。

「経験知」という言葉を初めて聞いた、という方も多いと思いますので、簡単に説明させてください。**経験知とは、長年多くの経験を積んだ人が、無意識のうちに使っている、蓄積した知識・スキル・コンピテンシー（行動特性・人間性）のこと**です。

経験知は、**Ｂｕｓｉｎｅｓｓ Ｗｉｓｄｏｍ（仕事の知恵）**とも言われ、私が長年研究している、ナレッジ・マネジメントの対象となる「暗黙知」の一つとも言えます。

ちなみに、暗黙知とは、言語化するのが難しい、人や組織に内在する洞察・ノウハウ・叡智《えいち》全般のことを指します。

ハーバード・ビジネススクール名誉教授ドロシー・レナードと、タフツ大学名誉教授ウォルター・スワップは、『〈新装版〉「経験知」を伝える技術』（池村千秋訳 ダイヤモンド社）の中で、ＮＡＳＡのプロジェクトと経験知の関係について言及しています。

すなわち、１９９２年から２０００年までの間に、ＮＡＳＡのプロジェクトが16回中６回失敗、という結果になったのは、若いプロジェクトリーダーたちが、まだ十分経験を積めていなかったこと、つまり、**経験知の不足が失敗を生んだ**としています。

経験知とは、ひと言でいえば仕事の知恵。本書の中で何度も登場するキーワードです。これを機会に、ぜひ覚えてください。

話を「役職定年の壁」に戻しましょう。

私は日本企業の賃金制度の構造上致し方ないとは思いますが、「55歳の役職定年」に賛成ではありません。

その理由は、**ミドルマネジメントこそが、現場で仕事をうまく進めるうえで不可欠な経験知を持っている**からです。

長年企業で働き、成功や失敗も含め、さまざまな経験を積み重ねてきたミドルマネジメントの方々には、ご自身でも気づかない、計り知れないほど多くの経験知が蓄積されています。

よく、「ベテランの○○さんが辞めたら、仕事が回らなくなった。同じ仕事なのに、若手が同じように仕事をしても、結果がまったく出ない」と、企業の人材育成担当者が嘆いておられますが、「現場の経験や蓄積」がない若手社員には、あなたと同じような、品質や精度の高い仕事をすることはできません。

もっと言わせていただくと、「若手社員は、ITリテラシーは高いかもしれませんが、現場経験が少ないため、経験知が大幅に不足している」のです。

ですから、同じ仕事をさせても、**若手社員は「作業レベル」、一方あなたは「プロフェッショナルとしての仕事レベル」**と、両者には格段の違いがあるのです。

「経験知」をお金に換えよう

ただ、ここからが重要なポイントなのですが、悲しいかな、ベテランであるあなたは、**息を吸って吐くように、自然に経験知を使いこなしているため、あなたが持っている経験知を認識できていません。**

また、認識できていなければ、会社に価値を認めてもらうことができませんから、当然、社内で評価されていないかもしれません。なんて、もったいないことでしょう。

しかし、仕事を進めるうえで、あなたがいつも細部にわたって目を光らせているコツや交渉を上手く進めるポイント、人間関係を含めた気くばりなどは、ビジネスの結果の成否を大きく左右する、大変価値ある経験知なのです。

このような、「経験知を表現」できていないことが、どれほどもったいなく、企業にとっても損失であることでしょうか。

逆に、**あなたの経験知を「言語化・形式知化(棚卸し・プログラム化・講座化・新しいキャリアにシフト等)」できれば、その先には、驚くような高評価や高収入が手に入ります。**

さらに、セカンドキャリアどころか、「大学で教鞭《きょうべん》をとる」「社内の教育係として、人材育成プログラムを構築したり、研修講師を務める」「コンサルタントとして起業する」「顧問やアドバイザーになる」といった、**これまで思いもよらなかった「ファーストキャリア」が、あなたを待っている**のです。

そして、経験知は、年齢を重ねれば重ねるほど蓄積され、「使い続けさえすれば」決して薄れていくことはありません。

人生100年時代に向かって、50代はまだ半ばです!

蛇の生殺しのような役職定年後を歩む道とは、きっぱり決別しませんか。

本書を通じて、若手社員にはない、豊かなキャリアと眠れる才能を発見しましょう。
そして、他の人にはないあなたの最大の強みや真価を発揮して、輝くようなセカンドキャリアを創造することを心から願っています。

２０２４年1月吉日

田原　祐子

＊本書の中の事例に出てくる登場人物は、原則として仮名です。
＊本書の内容は、２０２４年1月1日現在の法令・情報に基づいています。

55歳からのリアルな働き方●目次

第1章

あなたは、「自分の強み」を知っているか

～ミドル・シニアの眠れる才能は最強の武器！

第3章

55歳から、驚くような可能性の扉が開く3つの戦略
～迷うほどに魅力的な112通りの選択がある

STEP 3 収入戦略

STEP 4 出口戦略

エピローグ

企画・編集協力／遠藤励起
カバーデザイン／池上幸一
本文デザイン・ＤＴＰ／三枝未央

プロローグ

これからは、自分の「経験知や才能」で稼ぐ時代

～眠っている宝物に気づこう！

ミドル・シニアにとって、55歳が働き方の分かれ道

少し前の時代なら、60歳になるとめでたく定年を迎え、長年の会社勤めを満了し、1日8時間・週5～6日働かなくてはならない生活から解かれ、晴れて「エブリデイ・イズ・ホリデー」の悠々自適な毎日を過ごせるはずでした。

しかし今は、以前とは状況が大きく変わりました。年金は先細り、定年は限りなく延長される方向で、これまで以上に長い期間働かなくては、まともに暮らしていけなくなってきました。

そして、厄介なのは、55歳前後に待ち構える、**《役職定年》**の制度。今も多くの企業で導入されている《役職定年※》とは、役職者(管理職、部長、課長など)が一定年齢に達した場合、ライン系の管理職ポストなどをはずれて、非ライン等の専門職に異動する人事制度です。

※出典：ダイヤ高齢社会研究財団資料「50代・60代の働き方に関する調査報告書」(2018年)

役職定年後、9割以上の人が年収減という現実

先ほど紹介したダイヤ高齢社会研究財団の資料によると、役職定年後の年収は、9割以上の人が減少となっています。現状維持の人も1割弱いるものの、**全体の4割が年収50％未満という、厳しい現実があります**。

さらに、役職定年後、約7割の人が、所属異動がない状態で、以前と同じ職場で同じ仕事をしています。こうした処遇は、当然仕事に対するモチベーションに影響し、半数以上の人が「モチベーションがかなり下がった」「やや下がった」と回答しており、年収の減少率が高いほどモチベーションダウンする傾向が見られます。

また、「元部下が上司になるなど、職制面で自分がやりにくかった（29・0％）」「自分が主導した部署での権限がなくなり、自分が不満だった（21・7％）」「やりがいのない職務だった（20・3％）」といった不満も見られます。

私の知人にも、「これまでと同じ職場で同じ仕事をしているのに、やりにくいし、収入も大幅に下がり、納得いかない」と嘆いている人が少なくありません。

残りの約3割は、役職定年後、同じ企業内で所属異動して働いており、そのうち延

べで約7割の人が、「元上司が所属内に残ると、新しい役職者がやりにくいと思う」「自分もやりにくい」等の理由を挙げて、所属異動に肯定的です。

一方で、所属異動になったけれど、「以前の職場に残りたかった」という声も聞かれます。理由は「それまでの知識・技能・経験が活かせなくなった（37・5％）」「前所属でまだやりたい仕事があった（32・5％）」「やりがいの持てない職務になった（27・5％）」となっており、長年自身が職場で培った経験を活かすか、それとも仕事のしやすい環境を取るか、悩ましき二者択一を迫られているのです。

このように、役職定年後の所属部署や異動の有無で、感じる不満の内容も変わってきます。

しかし、どちらのケースでも共通しているのは、せっかく職場に残っても、遠慮して力半分で働いている状態であり、長年企業で培った専門的な知識・スキル・コンピテンシーが、十分には活かせていない状態であることがわかります。

あなたの中の眠れる「経験知や才能」に気づいていますか

こうした調査結果を見るたび、私は、**「長年企業で培った知識やスキルをお持ちの方々が、なんてもったいないんだろう」**と、悔しい気持ちになってしまいます。

なぜなら、多くの方々が、経験によって蓄積された「経験知（知識・スキル・コンピテンシー）」や自分の「才能（強み）」に気づかず、それらを眠らせたままの状態にいるからです。

どうして、ご自身のかけがえのない経験知や才能（強み）を、今の社内や、次のキャリアに活かし、収入アップ・キャリアアップしながら、「賢くお金にする方法」や、「稼ぐために何をすればいいか」をご存じないのかと、憤りすら感じてしまいます。

私は、これまで25年間、人材育成・組織開発を手がけるコンサルティング会社を経営してきました。**上場企業から小さな家族経営の会社まで幅広くご依頼をいただき、約13万人の人材を育成してきました。**

他の一般的な研修などと少々異なるのは、人材や組織の持つ経験知や才能（強み）を活用した「ナレッジ・マネジメント」によって、人や組織を育んでいくことです。

私の何よりの喜びは、未だご自身の経験知や才能（強み）に気づいていない方々が、研修やキャリア開発プロジェクトを通じて、ご自身でも驚くほど大きな変容を遂げられることに他なりません。

多くの方々が、ご自身に潜在する経験知や才能（強み）に気づいたときから、これまで見たことがないほどパワフルで自信に満ちた、新しいキャリアを歩まれていきます。

そして、新しいキャリアの源泉こそが、今、既にあなたの中に眠っている経験知なのです。


僭越《せんえつ》ながら、私は今、日本ナレッジ・マネジメント学会の理事、そして、本書でお伝えする「知をテーマに人を育て社会を構想する」社会構想大学院大学の教授を拝命しています。

大学院では、**企業の部課長や経営者の方々に、ご自身の才能（強み）や職場のさまざまな経験によって培われた経験知・暗黙知を形式知化**する指導をしています。

そして、みなさんもれなく、ご自身の経験知を、さまざまな形で具現化して、卒業されていきます。なかには、ご自身の経験知をシラバス（講義概要）として見える化し、卒業後に、大学教員・教授になる方もいらっしゃいます（225ページ以降で詳細説明）。

それなのに一方で、多くの方が、ご自身の持つ素晴らしい経験知・暗黙知に気づかぬまま、長く会社員生活を送った結果として、55歳という年齢に達したがために、それを活かせず、「危機的状況」に追い込まれているさまは、あまりに酷いと感じます。

「経験知」は、若手には手の届かない宝物

雨の日も風の日も、がんばって働いてきた企業戦士のみなさんには、経験によって知らぬ間に蓄積されている経験知や才能（強み）という最高の宝物があります。

そして、それらは、若手社員にはいくら頑張っても手が届かない極上の宝物です。

若手社員には、ＩＴリテラシーや、ＡＩを操るスキルはあっても、年数を経て得

られる貴重な経験が浅く、経験によって得られるかけがえのない経験知がありません。突発的に何かが起こったときの「判断力」も不足しています。

そのため、同じ仕事でも、ベテランの経験知に裏打ちされた仕事には足元にも及びません。

繰り返しになりますが、あなたにはご自身も気づいていない暗黙の知恵があります。

しかし、若手社員には、それがありません。今流行りの生成ＡＩが、もし何か間違った知識を教えても、未経験で判断できないケースでは、それを鵜呑みにして信じてしまうことでしょう。

これからは、自分の「経験知や才能」で稼ぐ時代

本書『55歳からのリアルな働き方』には、うさんくさい、阿漕《あこぎ》な手法でお金を稼ぐ方法の紹介は、いっさいありません。むしろ、スマートで知的な稼ぎ方を伝えていきます。

それらは、ご自身に潜在するさまざまな「知」を見える化し、自由自在にキャリアを切り拓《ひら》き、報酬を得ていく方法です。

これからの時代は、自分の「経験知や才能」を活かして働くことで稼ぐ時代です。

あなたがこれまで長年蓄積してきた経験知に対して、これまで以上に、正当で高価な報酬が得られるのは当然のことなのです。

本書では、先駆けて成功している方々の実際の事例を参考に、あなたが力を発揮でき、もっとも心地いいと感じる、賢い働き方＆キャリアを選択なさることを心から願い、精一杯サポートさせていただきます。

さあ、これまで考えられないほど物心ともに豊かな、あなたの新しい人生が待っています。

心躍る、まだ見たこともない経験知・暗黙知が切り拓く未来へと、ご一緒に歩みを進めてまいりましょう！

第1章

あなたは、「自分の強み」を知っているか

～ミドル・シニアの眠れる才能は最強の武器！

あなたは、自分の「極上の宝物」に気づいていない

あなたの中には、まだ気づいていない、素晴らしい「極上の宝物（経験知）」が眠っています。

それは、これからのあなたの人生において、生涯続く財産でもあり、決して消えることはありません。

それどころか、若手社員が今から追いつこうとして、死ぬほど頑張って働いても、決して手が届かない「あなた自身にしかない特別な宝物」です。

あなたには、長年コツコツと働いて蓄積してきた、経験知があります。経験知とは、「単なる知識」のことではありません。

経験知とは、経験や学びを通じて獲得される知識です。当然ながら、単なる知識とは、その内容も市場価値も大きく異なります。

この経験知こそが、仕事において大きな価値を生み出します。

具体的には第2章で説明しますが、経験知は「①専門分野＝知識・領域」「②実践

スキル＝業務経験」「③コンピテンシー＝行動特性・人間性」の３つで構成されています（以下、①～③を総称する際には、「知識・スキル・コンピテンシー」と略します）。

ケース❶　あなたのお客様が法人の場合

たとえば、あなたのお客様が法人である場合なら、こんな具合です。
あなたが、部下と一緒にお客様を訪問する際、彼らが話す内容や言葉遣い、態度にハラハラしたことはありませんか。

部下が、気難しく物事に細かいお客様に対して、詳細な説明を省略し、「とにかく自分は、誠意を込めて仕事をするから、任せてもらえれば大丈夫です！」と、少々フレンドリーに話しかけている。

「このタイプのお客様に、あんな態度で接すると、あとから大変なことになるのに……」と心配になっているかもしれませんし、そもそも部下のような接し方はしないでしょう。

おそらく、あなたなら、長年数多くのお客様に接してきた経験によって積み重ねてきた経験知から、気難しく物事に細かいお客様に対しては、「相手が気になりそうなポイントを、あらかじめ想定して、細やか、かつ丁寧に、詳細にわたり説明」することでしょう。

もしかすると、昔、今目の前で部下がやってしまっているような失敗をしたことがあるのではないでしょうか。

少々親しみを込めた話し方をして、お客様からお叱りをいただいたり（私にも若かりしころ、この失敗の経験！ あります）、とにかく自分に任せておけば大丈夫、と自信を持って伝えたにもかかわらず、お客様との商談が、うまく進まなくなってしまった経験があるかもしれません。

しかし、これも**「こうすれば失敗する」という貴重な経験があるおかげで、知らぬ間に蓄積されていく、失敗しないための貴重な経験知となる**のです。

これらは、あなたの経験知の中の「③コンピテンシー＝行動特性・人間性」です。

●ケース❷　あなたのお客様が個人の場合

たとえば、あなたのお客様が個人の場合なら、こんな具合です。

部下が、自社商品のある一点に熱中して説明しており、お客様のほうがいささか引き気味になっている。

あなたの目から見ると、「部下は、弊社商品の○○という一点に集中しているが、お客様は、別の部分に魅力を感じているかもしれないことを、わかっていないな……」と、商談の先行きが心配になっているかもしれません。

きっと、ご自身が説明するなら、長年の営業によって蓄積した経験から、こんなお客様には、自社商品の別の部分、□□をメインに商談を進めていくことでしょう。自分の思い込みで盲目的に商談を進める部下のふるまいが気になるのだとしたら、その視点はかつてご自身が、痛い経験を通じて体得したことかもしれません。

これらも、あなたが多くの経験を通じて、**「多角的な視点でサービスを捉えているからこそ、そのお客様に合ったサービスを見極められる」**という、無意識に蓄積してきた貴重な経験知です。

これらは、あなたの経験知の中の「②実践スキル＝業務経験」です。

ケース❸　あなたがモノをつくる仕事の場合

たとえば、あなたがモノをつくる仕事をなさっている場合なら、こんな具合です。

部下が、製品のある部位が故障したと言うお客様からのクレームに対して、まったく関係ない部位のことを説明したり、核心からズレた説明をしている。

あなたが、このクレームを聞いたとき、故障の部位や内容から、「ああ、このクレームなら、△△と××が原因だろう」と、おおよその見当がついたことでしょう。

長年の経験を通じて、「この部位が壊れるなら、△△と××が関連している」という原因と部位の関連性を見抜き、対処法を予見できているはずです。

一方、部下は故障の原因について、見当はずれの見立てをしているわけです。

これらは、あなたの経験知の中の「①専門分野＝知識・領域」です。


いかがでしょうか。

じつは、これら3つのケースのすべてが、あなたの中に潜在している強みである経験知があれば解決できるのです。

このような経験の蓄積で醸成される、貴重な経験知は、長年多くの経験を積むごとに暗黙知へと深化・進化していきます。

経験知は、長年あなたが苦労して経験した失敗や成功が、すべて無形の資産として蓄積された、かけがえのない「極上の宝物」です。

多くのミドル・シニアは、「自分の強み」がわからない

長年コツコツ蓄積してきた経験知が、じつは、あなたにとって新たな収入や新たな価値、新たなキャリアをもたらす極上の宝物であることを、この本を読み終わるころ

には、きっとおわかりいただけることでしょう。

極上の宝物は、言い換えれば、あなた自身の「才能(強み)」でもあります。

才能は、あなたしか持ち合わせていない、この世に唯一無二の、天から与えられた素晴らしいギフトなのです。

ところが、ここでもまた問題があります。

多くの方が、「自分自身に内在する才能に気づいていない」ことです。それどころか、「今の会社の肩書がなくなってしまったら、自分なんて(何の価値もない?)」と、悲観的にさえなっている方の多いこと！　また、ご自身の才能の活かし方がわからないままだと、「しまった！」と後悔することにもなりかねません。


次ページのグラフを見てください。これは、パーソル総合研究所と法政大学の石山研究室が2017年に実施した、ミドル・シニアの躍進実態調査の中にある「定年後再雇用に備えた事前準備」という意識調査の結果です。

この調査では、**約4割の人が定年後の「備えとして行っていたことは特にない」と答えています。**

「定年後再雇用に備えた事前準備」

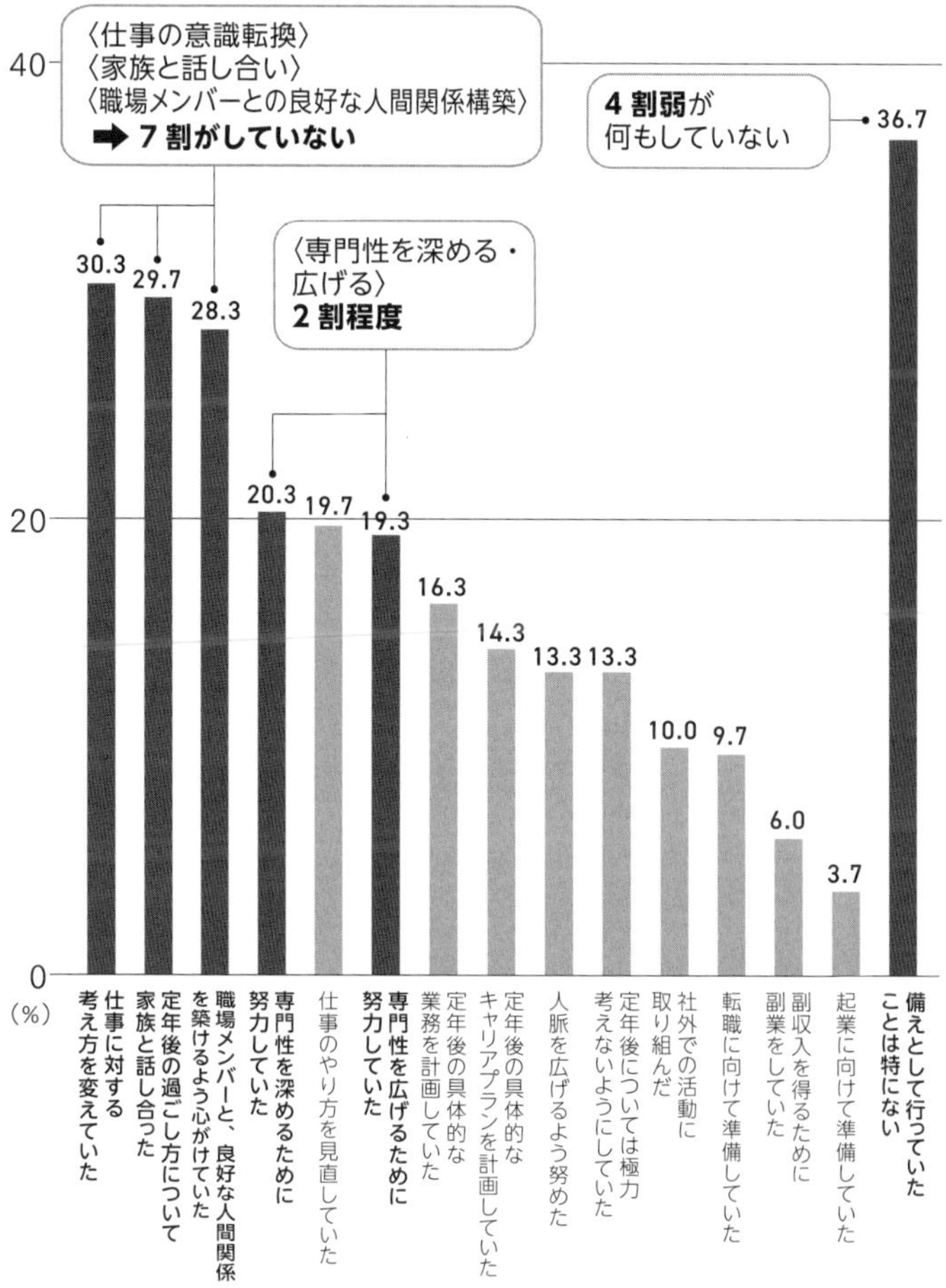

出典：「ミドル・シニアの躍進実態調査」（株式会社パーソル総合研究所／法政大学石山研究室）

一方で、「仕事に対する考え方を変えていた」「定年後の過ごし方について家族と話し合った」「職場メンバーと、良好な人間関係を築けるよう心がけていた」と答える人がそれぞれ約3割いることから、危機感をもっている人が多いこともうかがえます。

さらに一歩進んで、「専門性を深める」「専門性を広げる」努力をしていると答えた人が、それぞれ2割前後いました。

これらの結果を踏まえて、この調査では定年後の再雇用に備え、「専門性が重要」であると解説しています。**「専門性」とは、まさに、あなたの宝物である、知識・スキル・コンピテンシー**であり、経験知に他なりません。

さらに、本書でお伝えする「専門性」とは、世間でよく言われている、一般的な専門性ではありません。

あなたに新たな収入や新たな価値、新たなキャリアをもたらす、唯一無二の、あなたご自身の貴重なノウハウ・ナレッジが集積された専門性です。それにもかかわらず、これらを意識して理解しているミドル・シニアが、あまりに少ないのです。

「今の肩書・役職」は、本当のあなたではない

「今の肩書や役職がなくなってしまったら、どんな仕事ができるんだろう？」

「今の仕事はできるけど、もう若くないし、この先、雇ってくれる会社もなさそう」

「自分は専門バカで、他の仕事はできそうもない」

豊かな経験知をお持ちのみなさんから、こんなふうな嘆きをお聞きすることが、日ごろどれほど多いことか……。


こんなとき、私はいつも声を大にしてお伝えしています！

「○○さん、あなたは、これまで□□会社の○○さんという看板を背負ってきたのかもしれません。

しかし、**あなたは□□会社と一体化しているわけではなく、あなたという一人の素晴らしい貴重なタレント（人材）**です！

あなたには、会社を辞めても役職がなくなっても、これまで積み重ねてきた数々の仕事の経験を通じて、ご自身でも気づかない、たくさんの経験知があります。それを

活かさなくて、どうするんですか！」と。

ある地方新聞社の記者のTさんが、こんなふうに嘆いておられました。

「田原さん、私も来年定年なんですよ。あとわずかな記者生活。いやあ、それにしてもよくここまで頑張ったなと自分でも思います。

ですが、これから先のことを考えると、暗い気分になるんです。先輩からも、よく言われてました。『記者っていう仕事は潰しが効かない仕事で、記者しかできないもんだ』ってね……。

それにね、こんな私を、もう一度雇ってくれる新聞社なんて、今どきありませんからね。そうそう、今はまだ会社の肩書がありますから、名刺を出せば、一応誰でも会って話してくれるんですが、それがなくなっちゃうんですから、もう『翼をもがれた鳥』状態ですよ。

ですから、定年して2～3カ月ゆっくりさせてもらって、それから仕事を探そうと思います。さすがに、ちょっと疲れましたから。

でもね、少しゆっくりするって言うと、妻の機嫌が悪いんです。『先は長いんだから、さっさと働いて！』って、言われてしまうんですよ。
まあ今は人手不足らしいから、就職先は、こちらが選びさえしなければ、なんでもあるとは思うんでね。少々楽観はしてます。
肉体労働も悪くはないけど、年齢を重ねると、体力も落ちてますから、ちょっとしんどいですが、まあ仕方ありませんね。何か自分にもできる仕事が見つかればいいんですがね……」

私は、自分の耳を疑い、叫びました！

「ええっ！『翼をもがれた鳥』ですって？　何を言っているんですか、Tさん！**あなたこそ、次なる未来に飛び立つ、大きく羽ばたける翼を長年培ったフェニックス（不死鳥）ではありませんか？**」

Tさんは、たとえ会社の肩書や役職がなくなったとしても、これまでの仕事で蓄積してきた、知識・スキル・コンピテンシーという経験知があります。それを活かせば、今以上の収入さえも夢ではないことを、ご自身で認識していないのです。

自分の強みは、これまでしてきた仕事の中にある

ここで、みなさんもちょっと考えてみてください。

Tさんは、本当に「記者しかできない」のでしょうか。

記者は、本当に「潰しが効かない仕事」なのでしょうか。

Tさんの「才能を活かせる職場」は、本当に新聞社だけでしょうか。

答えは、もちろん「いいえ」です。断固としてお伝えしますが、決してそんなわけはありません。

Tさんは、ご自身の宝物、経験知や才能に長年気づかず、自己分析できていないだけです。

それでは、Tさんの経験知を棚卸しして才能を分析してみましょう。

【Tさんがしてきた仕事】

・地方新聞社の社員
・地方新聞社の記者
・地方新聞社の課長

【Tさんがしてきた仕事で蓄積されている無形資産】

※無形資産：知識・スキル・コンピテンシーという見えない資産のこと

(1) 知識

・新聞社の業務全般に関する知識
・編集部門の業務全般に関する知識
・印刷に関する業務知識
・情報の収集データ・分析に関する知識
・これまで記事を書いてきた、さまざまな業界に関する知識
・これまで取材した、取材先の業務に関する知識

・これまで取材した、地域・地方に関する知識
・課長という役職に関する知識
・記者という仕事に関する知識 etc.

(2) スキル

・新聞をつくるスキル
・見出し（キャッチコピー）をつくるスキル
・記事を書くスキル
・文章を構成するスキル
・文章の要点をまとめるスキル
・文章を校正するスキル
・情報を収集するスキル
・情報の真偽を見極めるスキル etc.

(3) コンピテンシー

・取材し記事を書くという真摯な姿勢
・事実に基づいて記事を書くという誠実さ
・取材先に記事を書くことを受け入れてもらえるという信頼感
・課長として、部下を育成する責任感
・新聞を編集する際、全体のバランスを考えるバランス感覚
・取材する際、真偽を確かめる、いい意味のクリティカルさ　etc.

さて、みなさん、いかがでしょうか。Tさんが、「記者以外の仕事」ができる可能性は無限にあると感じませんか。これらの才能は、仕事をするうえで、年齢面にはまったく関係ないもの（知識・スキル・コンピテンシー）ばかりです。

第2章で詳しくご説明しますが、こんなふうにご自身が経験してきた仕事の内容を細かく棚卸しすれば、誰しも今の仕事・肩書・役職以外に多様な仕事ができる可能性を持ち合わせているのです！

「無形資産」は、人生100年時代を生き抜く最強の武器

一般的に資産形成と言うと、貯金・株・国債などの金融商品や不動産などをイメージしがちだと思います。

しかし、先の見えない不確実な時代と言われている今、金融資産の中には、あっという間に紙くず同然の価格になってしまうものもあります。また、中国の不動産価格下落のように、市場に左右される資産は、せっかく苦労して積み上げたとしても、一夜にしてゼロになってしまう可能性があります。

このように、目に見える形のある資産を「有形資産」と言います。

たとえば、会社、肩書、役職なども、すべて有形資産です。

会社は倒産すれば、どのような老舗企業でも、どれほど有名になったベンチャー企業でも、一夜にしてゼロになります。

さらには、肩書や、部長・課長といった役職なども、なくしてしまえば、もちろんゼロになります。

このように、形のある有形資産は、いつかは「なくなってしまいます」。

一方、どんな時代になろうとも、なくならない資産があります。

それが、**「無形資産」**です。

今や、大手企業でも一夜にして危なくなる時代です。その点、無形資産は何が起ころうとも非常に心強い、誰にとっても大変ありがたい資産です。

このように考えれば、**無形資産は、人生100年時代を生き抜くための「最強の武器」**ではないでしょうか？

その無形資産とは、これまでお伝えしてきた**経験知（知識・スキル・コンピテンシー）に他なりません。**

お金だけが資産とは限らない

ロンドンビジネススクールの教授、リンダ・グラットン＆アンドリュー・スコットは、ベストセラーになった『LIFE　SHIFT（ライフ・シフト）―人生100年時代の人生戦略』（池村千秋訳　東洋経済新報社）の中で、この無形資産を以下の3

つに分類して説明しています。

①生産性資産（仕事に役立つ知識やスキル）
②活力資産（健康や良好な家族・友人関係）
③変身資産（変化に応じて自分を変えていく力）

また、無形資産は、「いい人生」を送るうえで価値があるだけでなく、有形資産の形成を後押しするという点でも、重要な資産であると述べています。

要するに、無形資産である①②③さえ持っていれば、仕事がなくなっても、肩書がなくなっても、世の中が変化しても、稼いで有形資産を生み出す力を持っていると説いているのです。

いかがですか。

近い将来、収入が先細りする心配を潜在的に抱えているミドル・シニアにとっては、何よりも勇気づけられるのではないでしょうか！　まさに、「これからの時代の新しい資産形成」には、無形資産は不可欠であり、心強い武器になるわけです。

あなた自身が、自らの「無形資産」を知って表現すること

ここで、一つだけ、注意しなくてはならないことがあります。

もし、あなたがご自身の無形資産を、「自分の中に眠らせたまま」であれば、それは目に見えないままの状態ですから、誰にも気づかれず、一生涯その価値を発揮することなく、無形のままで終わってしまいます。

無形資産とは、価値が見えない資産であるからこそ、**あなた自身が、自らの資産価値に気づき、それを表現していくことがポイント**になります。

本書は、あなたのこれからの人生を全力で支援する内容を、余すことなく盛り込んでいます。

ぜひ、最後までお読みいただき、**あなたの新しい人生の切り札！**　**となる「ワイズ・マネー（Ｗｉｓｅ Ｍｏｎｅｙ：賢く稼いで得る収入）」を手に入れる技術**を身につけていただきたいと思います。

本書では、あなたに近い事例が見つかるように、さまざまな仕事をしているミドル・

シニアの方々が、自らの才能に気づき、無形資産を最大限に活かしながら素晴らしい人生を切り拓いている様子を、数多く取り上げていきます。

そして、その事例は、40代後半からなんと90歳超えまで！　多岐にわたります。

脳は120歳まで成長し続ける

株式会社脳の学校代表の医学博士で、加藤プラチナクリニック院長の加藤俊徳《としのり》先生は、子どもの脳の発達や、男の子の脳と女の子の脳の違い、脳科学的に正しい英語学習法など、数多くの本を出版されています。

『努力なし！　70歳から脳が成長するすごいライフスタイル』（かや書房）という、ミドル・シニアにとっては心強いタイトルのご著書もあります。

特に、この本の中には、**「人体の臓器の中で、脳はもっとも寿命が長く、鍛え続ければ120歳まで成長する力を持っている」**と書かれています。

たとえば「超脳野《ちょうのうや》」は、人間だけが持つ脳の中の分野ですが、その分野は３つに分かれると言います。

30代には、記憶力や知識の蓄積との相関関係がある「超側頭野《ちょうそくとうや》」が発達し、40代には、五感で得た情報を分析・理解する働きを持つ「超頭頂野《ちょうとうちょうや》」が発達する、50代には、実行力や判断力など脳の司令塔「超前頭野《ちょうぜんとうや》」が発達していくのだそうです。

そして、年齢を重ねるほどにさまざまな経験を経てきて、**「人間力も高まってきた熟年からこそが、脳が最も輝く年代」**と言うのですから、何とも頼もしいではありませんか。

さらに、**脳は前向きな考え方や生き方を好み、「好奇心」や「挑戦」が脳にとってのご馳走**だとか！

加藤先生のこの記事を拝見して、

「なるほど、いくつになっても、働いている人がキラキラ輝いていて若々しいのは、こういう脳の働きのおかげなのだ！」

と、私自身いたく納得した次第です（家庭画報.com２０２１・11・19「鍛え続ければ、120歳まで成長できる。中高年は『脳』がもっとも輝く年代です」）。

「生成AI」にはない、あなたの魅力と強みがある

昨今、「生成AI」の急速な進歩が話題になっています。

AIは、人材育成や能力開発のために、暗黙知を研究している私自身にとっても大変興味深いものです。

しかし、生成AIやディープラーニング等が読み込んでいるデータは、じつのところ、大部分は私たち人間がつくり、生み出したものです。

そして、これからの時代はAIと人間の知が共創する時代となっていきます。

また、同じ生成AIでも、上手く使いこなせている人と、あまり使いこなせておらず、何を質問しても、まともな回答が出てこない人がいると思います。

その原因は、じつは、生成AIに質問している人間の側にあるのです。

回答の違いは、「自身の頭の中の知識を整理し、それらを構造化した状態で質問で

きているか、いないか」によって生じ、生成ＡＩの回答に大きな影響を及ぼします（これを、専門用語でプロンプト・エンジニアリングと言います）。

そもそも、**生成ＡＩが作成する文章の是非を判断するのは、結局のところ人間**なのです。

私たち人間、そしてもちろんあなたにも、生成ＡＩにはない、「人間としての判断力」という最大の暗黙知、すなわち、「人間ならではの強み」があるのです。

第2章

あなたの「経験知」を、未来のキャリアに変える4つのステップ

〜ミドル・シニアの武器を棚卸しして見える化する！

新しい未来のキャリア戦略・4つのステップ

ここからは、いよいよあなたの経験知を棚卸しして、あなたが思いもよらなかった、「新しい未来のキャリア」を創っていきましょう。

58～59ページの図が、これからあなたの強みを**見える化&分解**して、新しい未来の**キャリア戦略・収入戦略・出口戦略&特別番外編**までナビゲートする航海図です。

- **STEP1：あなたの経験知を「見える化&分解」します。**
- **STEP2：4つの選択肢から選んで、「キャリア戦略」を立案します。**
- **STEP3：4つの選択肢から選んで、「収入戦略」を立案します。**
- **STEP4：7つの選択肢から選んで、「出口戦略」を立案します。**

ちなみに、STEP1は第2章、STEP2～4については第3章と、章をまたぐ形で順を追って説明していきます。

また、実際にはSTEP4で終了ではなく、これらのことを実践しながらブラッシュアップしていく必要があります。


何度もお伝えしているように、あなたには極上の宝物があります。

その宝物を何かにたとえるとしたら、「ダイヤモンドの原石」のようなものです。

キラキラと輝くまばゆい光は、古代から、私たち人間を魅了してきました（私もダイヤモンドは大好きです！）。


ダイヤモンドは、地球上でもっとも硬度の高い鉱物です。宝飾品としてだけでなく、工業用として、ダイヤモンドカッター、レコード針、研磨剤等に使われています。

このように考えると、おそらく、地球上でもっとも価値の高い鉱物でしょう。

しかし、史上最高の鉱物にもかかわらず、磨いたり、砕いたりしなければ、価値が認められません。まさに、経験知にそっくりですね！

あなたの宝物である経験知を、これから4つのステップで、徐々にブラッシュアップしながら、磨き上げていきましょう。

転換する4つのステップ

〈138ページ〜〉

STEP 3 収入戦略

希望する収入の
4つの目標ゾーン
を選択する

これまでの6割の収入(副業) **あと月額5万円**	今の会社で付加価値アップ
	スキルシェアサービス
	スキル派遣サービス
これまでの8割の収入(副業) **あと月額15万円**	スキル派遣サービス(複数)
	研修講師・オンライン講座
	大学講師(非常勤・複数)
これまでと同じ収入(転職or起業) **あと月額25万円**	スキル派遣サービス(複数)
	転職
	コンサルタント・研修講師
これまで以上の収入(転職or起業) **青天井だがリスク有**	エグゼクティブ転職サービス
	コンサルタント(複数)
	独立

〈153ページ〜〉

STEP 4 出口戦略

出口戦略
身の振り方を考える

- 難易度 低｜今の会社に残る｜新しいスキル／コンピテンシー／教育担当
- 難易度 低｜副業する｜スキルシェアサービス／スキル派遣サービス
- 難易度 中｜転職する｜転職サービス
- 難易度 高｜起業する｜起業支援サービス

出口戦略【特別番外編】
経験知を活かす

- 難易度 中｜セミナー・研修講師｜経験知を教える／オンライン講座
- 難易度 高｜コンサルタント｜My教科書出版
- 難易度 高｜大学教員｜実務家教員

あなたの経験知をワイズ・マネーに

〈72 ページ～〉

STEP 1
見える化 & 分解する

あなたの持つ
知識・スキル・コンピテンシーを
明らかにする

経験知の言語化

(1) 専門分野
=
知識・領域

(2) 実践スキル
=
業務経験

(3) コンピテンシー
=
行動特性・人間性

〈108 ページ～〉

STEP 2
キャリア戦略

ありたい自分を
「4象限」
から選択する

	同業種	異業種
同職種	① キャリアアップ	③ キャリアチェンジ
異職種	② キャリアシフト	④ キャリアチャレンジ

STEP 1

見える化 & 分解する

あなたの持つ
知識・スキル・コンピテンシーを
明らかにする

経験知の言語化

（1）専門分野

||

知識・領域

（2）実践スキル

||

業務経験

（3）コンピテンシー

||

行動特性・人間性

STEP1では、あなたの経験知である「知識・スキル・コンピテンシー」を見える化していきます。

具体的には、あなたがこれまでの仕事や経験の中で蓄積してきた**「⑴専門分野＝知識・領域」「⑵実践スキル＝業務経験」「⑶コンピテンシー＝行動特性・人間性」を見える化**して、言語化してみましょう。

そして、それらをいったんバラバラに要素分解（モジュール化）します。

たとえば、先ほどの地方新聞の記者のTさん（40ページ参照）のように、ご自身ができることを一つひとつ、これから説明するワークをしながら丁寧に棚卸しをしていきましょう。

なぜ、バラバラに要素分解するのかというと、多くの方々が、Tさんのように、会社（新聞社）や肩書（課長）、職業（新聞記者）と一体化してしまっているためです。これでは、あなたの経験知は今以上には活かせません。

要素分解することで、**会社・肩書・職業という枠組みを取り払い、あなたの素晴らしい経験知と力が発揮でき、新たな領域の仕事ができる可能性が大きく広がります。**

STEP 2

キャリア戦略

ありたい自分を「**4象限**」
から選択する

	同業種	異業種
同職種	① キャリアアップ	③ キャリアチェンジ
異職種	② キャリアシフト	④ キャリアチャレンジ

ＳＴＥＰ２では、あなたのこれまでの経験と新たな可能性を伸ばすため、「これまでと同じ『業種』の仕事をするか、それとも異なる業種の仕事をするか」「これまでと同じ『職種』の仕事をするか、それとも異なる職種の仕事をするか」という、２択×２択の合計４つのパターンから、あなたが今後活躍していきたいゾーンを探っていきます。

①キャリアアップ：同業種×同職種
②キャリアシフト：同業種×異職種
③キャリアチェンジ：異業種×同職種
④キャリアチャレンジ：異業種×異職種

じつを言いますと、多くの方がこれまで経験したことがない、異業種や異職種のゾーンで活躍しています。

その理由は、ＳＴＥＰ１で、**あなたの棚卸しした知識・スキル・コンピテンシーが、今とは異なる業種や職種でも十分活かせる**ためです。

STEP 3

収入戦略

希望する収入の
4つの目標ゾーンを選択する

これまでの 6割の収入 (副業) **あと月額5万円**	今の会社で付加価値アップ スキルシェアサービス スキル派遣サービス
これまでの 8割の収入 (副業) **あと月額15万円**	スキル派遣サービス（複数） 研修講師・オンライン講座 大学講師(非常勤・複数)
これまでと 同じ収入 (転職or起業) **あと月額25万円**	スキル派遣サービス（複数） 転職 コンサルタント・研修講師
これまで 以上の収入 (転職or起業) **青天井だが リスク有**	エグゼクティブ転職サービス コンサルタント(複数) 独立

STEP3では、収入戦略を組み立てていきます。

あなたの希望する収入を決めたうえで、55歳以降その収入を稼ぐためには、具体的に何をすればいいかを見ていきましょう。

◎これまでの6割の収入でいい人
◎これまでの8割の収入が欲しい人
◎これまでと同じ収入が欲しい人
◎これまで以上の収入を稼ぎたい人

という4通りの目標ゾーンを設定してみました。

これらの収入目標に応じて、副業・転職・起業など、さまざまな選択肢が考えられます。

ワークライフバランスも考えながら、あなたのこれからの新しい人生を歩んでいきましょう。

STEP 4

出口戦略

出口戦略

身の振り方を考える

難易度	出口	手段
低	今の会社に残る	新しいスキル コンピテンシー 教育担当
低	副業する	スキルシェアサービス スキル派遣サービス
中	転職する	転職サービス
高	起業する	起業支援サービス

出口戦略【特別番外編】

経験知を活かす

難易度	出口	手段
中	セミナー・研修講師	経験知を教える オンライン講座
高	コンサルタント	My教科書出版
高	大学教員	実務家教員

ＳＴＥＰ４では、いよいよ出口戦略をご説明していきます。出口戦略では、

◎今の会社に残る
◎副業する
◎転職する
◎起業する

という４つの選択肢に合わせて、どんな働き方をすればいいかを考えます。
ＳＴＥＰ１で見える化して分解したあなたの経験知は、たとえば、今の会社に残りながら、「スキルシェアサービス」「スキル派遣サービス」などの新しい働き方（副業）で、存分に活かせます。

また、出口戦略・特別番外編としては、

◎セミナー・研修講師

◎コンサルタント
◎大学教員
という、まさにあなたの経験知で「ワイズ・マネー」を稼ぐ方法をお伝えしていきます。


人生100年時代を迎え、一通りだけの働き方では、もったいなさすぎます。

そして、実践すればするほど、脳の学校の加藤医師が言うように、120歳まで脳は成長し続けますから、何度でも働き方を変えることができ、たとえ失敗したとしても、何度でもやり直すことができるのです。


その前に、大切なことをお伝えします。

いったん、あなたの仕事に対するこれまでの考え方を、アンラーン(リセット)してみてください。

たとえば、コップに水がいっぱいな状態で、新しい水を注ぐと、せっかく注いだ水が入らないのと同じで、コップを一度、空にする必要があるためです。

あなたの「強み」を探し、表現しよう

まず、多くの方々が、自分の「市場価値」に気づいていないことを認識しましょう。
また、それに加えて、ご自身の経験知である知識・スキル・コンピテンシーをどのように「見える化し、表現すればいいか」「言語化すべきか」がわかっていない状態です。

これは、日本で長く年功序列・終身雇用で守られてきた「メンバーシップ型雇用制度」の影響なのかもしれません(欧米のような「ジョブ型雇用」では、あとで説明するように、自分の市場価値を明確にしてＰＲしなければ、仕事を見つけられません)。
また、いったん就職すると、就職ならぬ「就社」のごとく、一つの企業に定年まで勤め上げることが、これまでの標準的なビジネスパーソンの姿でした。

今でこそ、転職やヘッドハンティングも当たり前になりましたが、少し前までは、「企業に長くいるほど給料は上がる」年功序列の給与システムであったため、転職す

ると損になることもあって、転職を目指す人は、ごくひと握りでした。そのため、自分の市場価値を考える機会も、あまりなかったのでしょう。

それらに加えて、日本特有の文化である「ハイコンテクストカルチャー」（物事をあまりはっきり表現しない、あいまいな文化や風土のこと。対極は、多くの民族が共に生活していて、はっきり表現しなくては伝わらない、米国の「ローコンテクストカルチャー」）の影響もあって、子どものころから、私たちの多くは、あまり自己主張が得意ではありません。

しかし、ご存じのように、終身雇用や年功序列は、すでに過去の話になりつつあります。そして、時代は大きく変わりました。

「自己ＰＲ」が、必要不可欠な時代になってきたのです。

最近は、ハローワークでも、ご自身の経歴を上手く記述するよう指導しています。

また、昨今、多くの企業で導入が検討されている「ジョブ型雇用制度」では、自分の経歴やスキル等をＰＲしなくてはなりませんから、経歴を書く履歴書だけでなく、具体的に何ができるのかという**「職務経歴書」**を書き添えるようになってきました。

厚生労働省のジョブ・カードで検索すると、職務経歴書をはじめ、履歴書の書き方など詳しい説明があります。

ただし、私は「職務経歴書が上手く書ける」ようになっていただきたい、と考えているのではありません。

今の肩書や役職はいったん忘れて、これまで培ってきた経験知を言語化するために、あなた自身を自己分析していきましょう。

さあ、ワイズ・マネーを稼ぐ心構えはできていますか。

まだ気づいていない、あなた自身の素晴らしい宝物である経験知を、各ＳＴＥＰを通じて、これから一緒に掘り起こしてまいりましょう。

STEP 1

見える化&
分解する

経験知の言語化
❶—1

あなたの「専門分野=知識・領域」を活かす

まず、これからお話しする「経験知の言語化❶」では、

(1)「専門分野=知識・領域」
(2)「実践スキル=業務経験」
(3)「コンピテンシー=行動特性・人間性」

の3つの領域から、あなたの経験知を探っていきます。

実際には、これから紹介していく12の質問に答える形で、あなたの知識・スキル・

コンピテンシーを棚卸ししていただきます。

●あなたの経験知を「見える化」するワーク

まず、あなたの経験してきた仕事を書き出しましょう。

たとえば、「営業の仕事」とひと言で言っても、専門領域も違えば、法人営業（ルートセールス）か、それとも一般のお客様への接客営業なのか、あるいは「押しの強い営業スタイル」なのか、「ソフトで関係構築型の営業スタイル」なのかなど、営業のスタイルやタイプもさまざまです。

このように、たとえ同じ営業という仕事であっても、細かく見ていくと、あなた独自の特徴や、たくさんの隠れた強み等があるものです。

それではまず、あなたが経験してきた業務は、どのような専門分野で、その仕事を通じて、どのような知識を習得してきたか、具体的に確認してみましょう。

次の４つの質問の回答を、「できるだけ詳しく＆細かく」書き出してみてください。

質問１　あなたは、どのような分野の仕事を経験してきましたか？
質問２　あなたの仕事には、どのような知識が必要でしたか？
質問３　あなたは、仕事をどの地域（エリア）でしてきましたか？
質問４　あなたはその仕事で、どのような人たちと繋がって（会って）きましたか？

【回答例１】自動車営業職（個人向け営業）・田村さんの場合

質問１→自動車販売、営業
質問２→自動車、自動車部品、エコ・環境関連販売、運転、営業（個人中心）、接客、契約
質問３→東京都23区内
質問４→個人のお客様、経営者、会社員、主婦等

【回答例２】食品メーカー営業職（法人向け営業）・山田さんの場合

質問１→食品メーカー、営業

質問2↓食品、栄養、安全、衛生、営業（法人中心）、商流、スーパーの棚取り、陳列、POP作成、イベント企画、契約
質問3↓全国
質問4↓全国のスーパーのバイヤー、店長

【回答例3】自動車製造業・木村さんの場合
質問1↓自動車の製造
質問2↓自動車、自動車部品・パーツ、製造、メンテナンス、運転、点検、整備
質問3↓愛知県
質問4↓自動車部品メーカーの技術者、自動車設備関連工場のオーナー・技術者

さあ、いかがでしたでしょうか。あなたも、「専門分野」についての4つの質問に対して、書き出してみましょう。

●重要なのは「経験を通じて得られる知識」

まず、何よりも先にお伝えしたいのは、あなたが長年仕事をしながら蓄積してきた知識は、仕事の経験がなく座学で学ぶ知識や、新入社員が入社したてのころに学ぶ知識とは、**内容・質・量・深さといった有用性が、まったく異なる**ということです。

たとえば、自動車販売の田村さんの場合、同じ自動車に関する知識であっても、実際にお客様に説明したり、運転しながらお話しする内容は、決して座学では得られないレベルのものでしょう。お客様との会話や営業、アフターフォロー等、**「経験を通じて」得られる知識**に違いありません。

少し細かい定義で恐縮ですが、英語の**「ナレッジ」**を日本語にすると、「ナレッジ=知識」と翻訳されてしまいます。

一方で、英語におけるKnowledgeの本来の意味は、文字通り**「経験を通じて得られる知識」**です。

経験・実践による、生きた知識の広がり

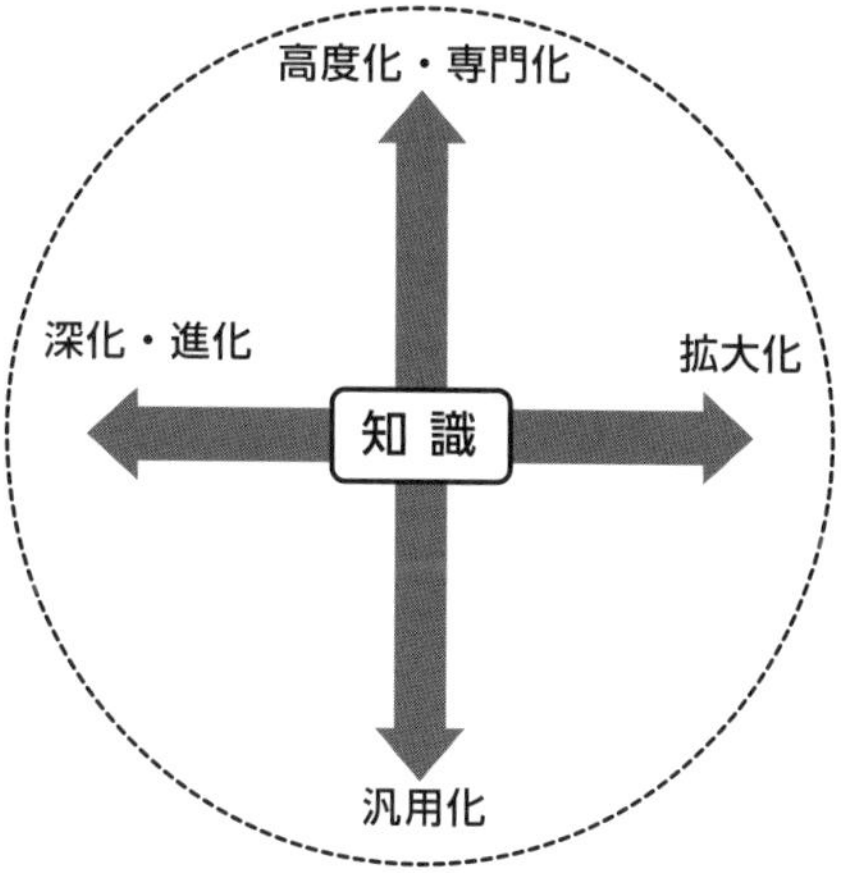

●知識は知らぬ間に、深化・進化している

あなたには、さまざまな専門領域の知識だけでなく、専門分野に関連するさまざまな領域の知識、汎用的な知識も蓄積されています。

上の図は、長年の経験や実践の蓄積があるからこそ、一般的な知識でない、生きた貴重な知識「経験知・暗黙知」が蓄積されている様子を表したものです。

この図は、今後、あなたの仕事の対象となる領域を広げ、ご自分でも「思わぬ新しい才能を開花させるヒント」となる貴重なものです。ぜひ、ご自身の知識を細かく棚卸しするための助けにしてみてください。

仕事をしてきた「地域（エリア）の知識・情報」や「人脈」を活かす

じつは、**3つ目の質問「あなたは、仕事をどの地域(エリア)でしてきましたか?」**は、あなたが営業や技術のみならず、たとえ、どのような仕事をしていたとしても、もれなく活用することができる、**貴重な「無形資産」**です。

次に紹介するのは、Yさんが、実際にご自分が長年仕事をしてきた地域の知識・情報や人脈を活かして、その地域での活動が未経験の企業に価値を認められ、望まれて就職した事例です。

事例

設備メーカー技術者から、九州エリアに進出する企業に
〜入社以来、20数年九州エリアを担当した経験が思わぬ活路に繋がる

Ｙさんは、長年、設備メーカーの技術部門を担当しています。本社勤務は、新入社員として入社して３カ月間だけ。**その後は、ずっと全九州エリアの営業所を転々としてきました。**設備のメンテナンスが必要であれば九州の隅々まで出かけて行っては、機器のメンテナンスを手がけます。

特に難易度が高いメンテナンスではないので、若手の社員でも対応できるのですが、長くこのエリアを担当してきたＹさんは、いわゆる「顔役」の状態になっており、メーカーのみならず、いろいろな地域の役所や公民館、商店街等にもちょくちょく顔を出し、大変頼りにされる存在となっていました。

また、かれこれ30年近くも九州全域、島しょ部まで網羅してまわっているので、各地域の気質や細かい商流等も熟知しています。そんなＹさんも55歳が間近となり、長年勤めた会社からは、嘱託での慰留の提案がありました。

ところが、ある友人に、ひょんなことから嘱託の話をしたところ、友人が、「もったいない！　Ｙさん、九州全域に顔が利くんでしょう？　九州と言えば、私は九州に進出したい企業を知っているから、そこに紹介してあげますよ！」と、ある企業に繋いでくれたのです。

早速、Ｙさんは面接に臨み、晴れて今以上の高給優遇で、３年間の顧問契約をすることになりました。

じつは、こうした事例はよく聞きます。第3章の「出口戦略」（153ページ以降参照）の中で、このようなケースを斡旋する「顧問サービス（エージェント）」があることを紹介しています。

世の中には、**その地域に明るい方々に対する求人や顧問としての関わりを求める依頼は、必ず一定数あります。**

特に、未開拓の地域で新たに事業を展開・進出したい企業にとっては、Yさんのようにエリアを熟知している人材は、その状況をよく知っているだけでなく、「新規事業売り込みのための、地域の企業との面談のセッティングや、初回面談のアポイントが容易に取れる」ことから、喉から手が出るほど欲しい人材です。

Yさんの事例のような**「地域との繋がり」は、無形資産の中でも、重要な「社会・関係資本」**と言われるものです。

地域だけでなく、ご自身が培ってきた「**商流**」も、非常に価値があります。自社商品とバッティングしなければ、退職後に別の商品を売ることができるかもしれません。

また、言わずもがな、「**人脈**」についても同様に、スタートアップから老舗まで、こうした人材を喉から手が出るほど欲しがっている企業は少なくないのです。

そして、これらはすべて、長年の経験知の蓄積があるからこそ形成されていく大切な資産であり、時間をかけなければ紡げない強みでもあります。

そして、「これらの社会・関係資本をどう活かすか」という鍵を握っているのは、あなたのもっとも貴重な経験知なのです。

事例

監査室から社内教育室長を経て、関連会社の部長に

～部門をまたいだ異動歴が功を奏した事例

日本では、多くの企業が、メンバーシップ型雇用制度を採用しています。一方、海外ではジョブ型雇用制度が主流です。最近、日本でもジョブ型雇用制度の導入も増えてはきましたが、まだ多くの企業が、旧来のメンバーシップ型雇用です。

メンバーシップ型雇用の特徴は、「部門をまたいだ異動がある」ということです。ときには、自分が苦手な部門や想定外の転勤・異動も含め、あらゆる部門に異動となる可能性があります。じつはこれが、さまざまな知識を習得する絶好のチャンスでもあるのです。

Jさんは、あるメーカーで長年勤務しましたが、国内の営業所、本社、営業、財務等、多くの部門を転々としてきました。

通常は、営業部門ならずっと営業関連部門ばかりに従事している企業が多い中、J

さんは、**営業も、財務も、営業所のマネジメントもわかる、いい意味でのマルチプレーヤーでもあり、マネージャー**でもありました。

しかし、Ｊさん自身は、ご自身のこの状態を、「虻蜂《あぶはち》取らず」の中途半端で、何のスキルもないと感じていたようです。

ところが、これが最後の最後に、逆転ホームランを打つ原動力になります。

Ｊさんの役職定年前の最後の配属は、監査部門でした。監査部門と言うと、稀に「左遷」というイメージを持つ人もいますが、とんでもない誤解です。

監査部門は、複数の部門で蓄積してきたさまざまな経験がそのまま活かせる部門の一つです。特に、ご自身が経験してきた部門については、監査としての目のつけどころが手に取るようにわかります。

Ｊさんは、監査部門への異動に腐らず、監査のスキルを学び、着々と身につけていきました。こうして、Ｊさんはメキメキ力を発揮したのです。

Ｊさんが地道に仕事をしている様子を見た上司は、Ｊさんを、**メンバーに監査のスキルを教える「社内教育担当」**に任命します。

Ｊさんが考えた研修の内容は評判も上々で、部下もどんどん力をつけていきます。今度は、それを見た他の事業部門長たちから、「ぜひ自部門の教育も、Ｊさんにお願いしたい」という依頼が舞い込むようになり、Ｊさんは、やがて社内教育室長に押し上げられました。

まるで、わらしべ長者のように、役職定年間際になってから、どんどんポジションが押し上げられていきます。

そして、Ｊさんは55歳の役職定年を迎えましたが、その後も教育係として厚遇されました。

さらに、その後、監査室での業務全体を細部にわたり見渡すスキルと功績が買われ、61歳にして、**関連会社の教育部長として赴任**することになったのです。

61歳にして素晴らしい栄転！　これからのＪさんの活躍が楽しみでなりません。

STEP 1

見える化＆分解する

経験知の言語化
❶―2

あなたの「実践スキル＝業務経験」を活かす

「経験知の言語化❶―1」では、あなたがこれまで仕事を通じて蓄積してきた、「専門分野＝知識・領域」について棚卸ししました。

次に、あなたが経験してきた**「実践スキル＝業務経験」**について確認してみましょう。

実践スキルとは、これまで**「何をしてきたか」という経験**や、具体的に仕事で**「何を」「どのように」できる**のか、という能力のことをさしています。

また、実践スキルの一つに、**「役職・役割」**もあります。リーダー、主任、係長、課長、部長等の役職や、クレーム対応係等の役割もあり、営業職の場合には、営業活動の一環として、プライベートで地域の町内会の役員等を引き受け、営業実績とプライベートの人望との相乗効果を上げるケースもあります。

これらの役割も含めて棚卸ししていくと、あなたの中に、今以外の仕事でも役立つ素晴らしい実践スキルが眠っていることに気づくでしょう。

それでは、前項と同様に、次の4つの質問への回答を、「できるだけ詳しく&細かく」書き出してみてください。

質問5 あなたは仕事で、どのような「業務」を経験してきましたか?
質問6 あなたは具体的に「何を」×「どのように」してきましたか?
質問7 あなたは仕事やプライベートで、どのような「役職」を経験してきましたか?
質問8 あなたはどのような仕事が、もっとも「得意」でしたか?

【回答例１】自動車営業職（個人向け営業）・田村さんの場合

質問５↓営業（接客、説明、販売、契約、アフターフォロー）、紹介依頼

質問６↓自動車を運転、お客様への説明・営業・クロージング、お客様との契約、お客様へ紹介依頼、お客様宅への訪問・納品、お客様からの質問・クレーム対応

質問７↓社員、営業リーダー、営業課長、同窓会の世話役、応援団長

質問８↓ＯＢ客から紹介受注をいただくこと

【回答例２】食品メーカー営業職（法人向け営業）・山田さんの場合

質問５↓法人営業（説明、契約、搬入交渉）

質問６↓商流の開拓、仕入れ値・量の交渉、デモンストレーション、商品の搬入、スーパーの棚取り、商品の陳列、ＰＯＰ作成、イベント企画

質問７↓社員、配送主任、営業係長

質問８↓コツコツと法人営業をして、信頼関係を構築すること

【回答例3】自動車製造業・木村さんの場合

質問5↓自動車製造・自動車部品の製造

質問6↓自動車・自動車の部品・パーツを製造、自動車のメンテナンス・整備・修理、運転

質問7↓社員、主任、リーダー、係長、QC（Quality Control＝品質管理）活動のリーダー

質問8↓製造現場のカイゼン活動

●細かく書き出して、新たな可能性を探る実践スキルを見つける

このように細かく書き出してみると、田村さん、山田さん、木村さんともに「営業」「製造」という職種に特有なスキルに限定されず、さまざまな実践スキル（実践できること、仕事で役立つスキル）があることに気づくことでしょう。

じつは、書き出していただいた要素の一つひとつが、新たな仕事や潜在能力の開花に繋がりますから、第3章ではこれらを組み合わせて、あなたがご自身で気づかない新たな可能性を発見していきます。

事例

ホテルのマネージャーが、ＩＴ企業のマネージャーに
～ホテルもＩＴ企業も、同じ「ヒト・モノ・カネ・スケジュール」の管理

ホテルのマネージャーとして長く勤めてきた田中さんは、**ＩＴ企業のマネージャーに転身**しました。まったく畑違いの職場への転職ですから、おそらく驚かれた方もいることでしょう。

転身のきっかけは、「コロナ禍によるホテル稼働率の激減」が原因です。転職をしようと思っても、宿泊・旅行・観光等、すべての領域(前項の「専門分野」の部分)が、壊滅的なダメージを受けているため、この業界への転職は考えられなかったそうです。

田中さんは、自分自身の強みである「実践スキル」を棚卸ししました。ご自身の潜在的な可能性や、やってみたいこと、また市場価値の高い**「メタスキル(どの部門にも転用できるスキル)」**の存在に気づいたのです。

田中さんは、現在、多くのホテルで導入されている、予約を促進するためのマーケティング自動化システムツールMA(Marketing Automation＝マーケティングオートメーション)や、営業活動や予約状況を管理する、営業活動自動化システムSFA(Sales Force Automation)について、自分自身のやりたいマネジメントが上手く反映されるため、システムには明るくないものの、大変興味を持っていました。

そこで、コロナ禍でむしろ業績が拡大しているIT業界について調べたところ、マネージャーの求人があることに気づきました。

しかし、田中さんがこれまで従事してきたホテル業界の専門分野の知識は、IT企業ではまったく活用できません。

一方、田中さんのホテルにおける実践スキルは、人材のマネジメント・社内リソース配分・年間事業計画のスケジューリング・実績管理能力等です。業界は違っても、ある程度活用できるわけです。これらは、まさにメタスキルです。

田中さんは、思い切って面接を受けたところ、悲願が叶い見事採用されました。

田中さんに、「ITの知識は、どうやって学習されるのですか?」とたずねたところ、

「ITに関しては初心者ですから、むしろ知ったかぶりをせずに、若い人にも教えて

もらっていますよ！　みなさん、親切に教えてくれるので、楽しく仕事をしています」という返事が返ってきました。

「マネージャーだから、何でも知っていなくてはならない」というのは、むしろ私たちの思い込みかもしれません。

また、この後に説明する、「経験知の言語化❶—3」の「コンピテンシー＝行動特性・人間性」の中で重視される、田中さんの偉ぶらない人間性や、素直に何でも質問できる行動特性も功を奏して、晴れて採用になったのだと感じます。

田中さんに言わせれば、実際に仕事をしてみると、マネジメントで重要なのは、クライアントとの交渉や、社内のメンバーが予定通りシステム構築できるように人間関係やスケジュールを調整することなのだそうです。であるならば、ＩＴの知識より、むしろ調整能力や管理能力が求められるわけです。

田中さんは、「**以前の仕事（ホテルのマネージャー）と今の仕事（ＩＴ企業のマネージャー）は、本質的に同じ**。自分としては、違和感なく、以前と同じ仕事をしていると思う」と言います。

このように捉えれば、これまであなたが経験してきた役職や役割の大部分は、他業界でも十分活用できる、とても汎用性の高いメタスキルなのです。

STEP 1
見える化＆分解する

経験知の言語化
❶―3

あなたの「コンピテンシー＝行動特性・人間性」を活かす

繰り返しになりますが、コンピテンシー（95ページ参照）とは、行動特性や人間性という意味です。次ページの図は、氷山になぞらえて物事を比喩する「氷山モデル」と言われるモデルで、コンピテンシーのイメージを表現したものです。

氷山は、海面に出ている部分はわずかであっても、海面下には、大きな氷塊が潜んでいます。

同様に、**その人の行動や仕事の成果は、潜在するコンピテンシーによって大きく異なる**ことを意味しています。

たとえば、慎重さや正確性を重視するタイプの人と、迅速性や戦略性を重視する人

氷山モデル

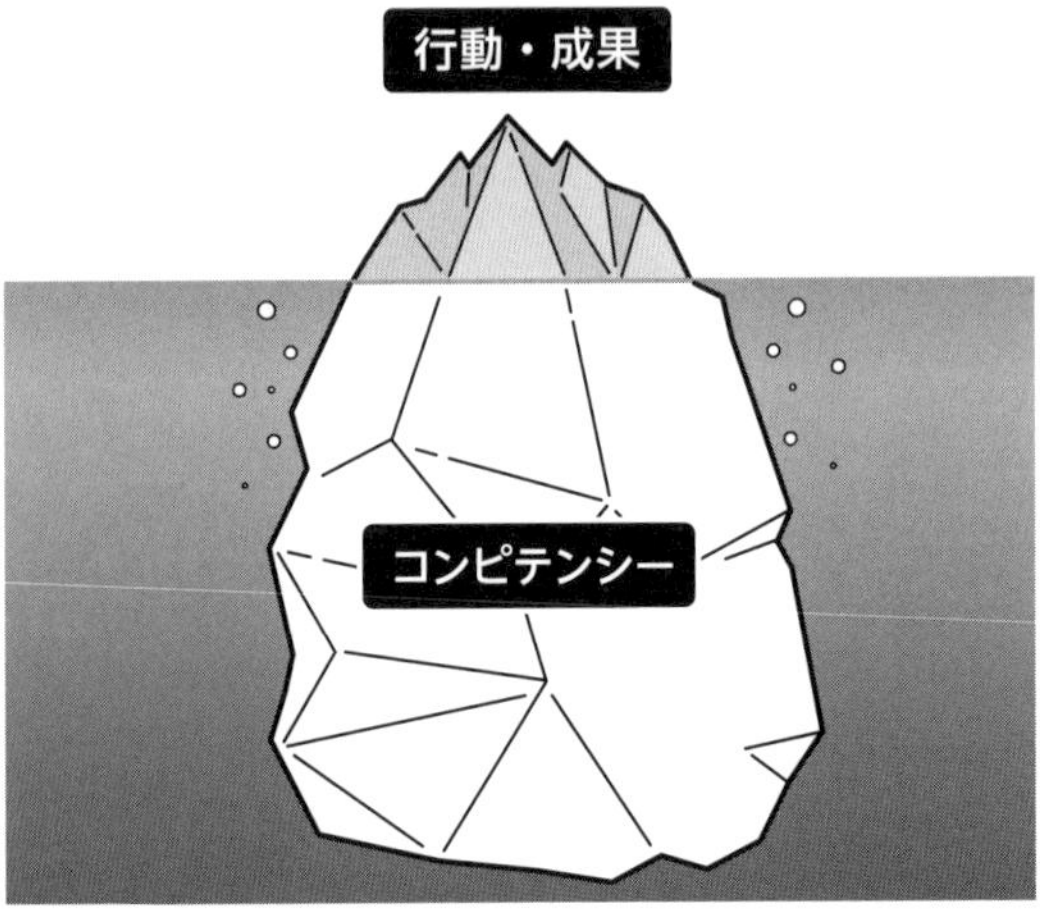

とでは、同じ仕事をする場合に起こす行動やその成果も、まったく異なる結果となるでしょう。
これがコンピテンシーの興味深さであり、また、仕事をするうえでの大切な潜在能力の一つです。

それでは、これまでと同様に、次の４つの質問への回答を「できるだけ詳しく＆細かく」書き出してみてください。

質問9　あなたが仕事をする際、心がけていることはありますか？
質問10　あなたがお客様と接する際、心がけていることはありますか？
質問11　あなたが上司や部下と接する際、心がけていることはありますか？
質問12　あなたは、仕事をしていてどのようなときに達成感を感じますか？

（※注）コンピテンシーとは、ハーバード大学の行動心理学者、デビッド・マクレランドが提唱した概念で、２０００年ごろから日本にも導入されるようになりました。**本書ではコンピテンシーを、新たな仕事の機会を発見し、自己を探究するための目的に注目して、「行動特性・人間性」と定義づけしています。**

４つの質問への回答で、あなた自身が大切にしている、仕事や人間関係等の価値観が明らかになってくることでしょう。

【回答例1】自動車営業職（個人向け営業）・田村さんの場合

質問9↓誠実、納期厳守
質問10↓信頼関係の構築、親切、丁寧

質問11↓上司には忠誠心を持って仕え、部下は愛情を持って厳しく育てる
質問12↓お客様に「ありがとう」と言ってもらえたとき

【回答例2】食品メーカー営業職（法人向け営業）・山田さんの場合
質問9↓安全、確実
質問10↓誠実、クイックレスポンス
質問11↓上司には迅速かつ正確な意思疎通、部下には自身の背中を見せて育てる
質問12↓自社の商品の売上が大きく伸び、スーパーに喜ばれたとき

【回答例3】自動車製造業・木村さんの場合
質問9↓安全、確実、検証、報告・連絡・相談
質問10↓誠心誠意
質問11↓上司には細かく報告、念入りなコミュニケーション、部下には技術の伝承、育成
質問12↓新しいシリーズの自動車が無事リリースできたとき

田村さん、山田さん、木村さんの回答を見て、あなたは、どのように感じましたか。おそらく、専門分野や実践スキルを問う質問への回答ではわからなかった3人の方々の人となりや、どのようなスタンスで仕事に臨んでいるかが、おわかりいただけたことでしょう。

事例

FCを展開する企業の総務から、IT企業の総務に
～「Oさんがいてくれるだけで、ホッとする！」

Oさんは、私が登壇させていただいたある講演会でお会いした方です。その講演会では、89ページで紹介した田中さんの事例などをお話ししていたところ、Oさんが、「田原さん、私も今、IT企業に勤めているのですが、若手社員から、『Oさんがオフィスに座っているだけで安心できるし、どんな小さなことでも相談に乗ってもらえるの

で、とてもうれしい』と言われているんですよ。田中さんと同じですね！」

と、私の講演内容への感想やご自身のことをお話ししてくださいました。

Oさんは、**FC店舗を展開する全国でも有名なスイーツ製造業**に長年お勤めでしたが、役職定年を機に、ひょんなことから**IT企業に転職**されました。

以前、勤めておられた企業では、気難しいスイーツ職人の方々とのやり取り等もあり、大変苦労なさったそうです。

そのため、**Oさんは社内の人間関係の取り持ちや、クライアント企業との交渉等、総務部門で重要な役割**を担われてきました。

では、なぜOさんは、IT企業で必要とされているのでしょうか。

じつは、私も複数のIT企業のコンサルティングを手がけたり、自分自身でも、システム開発や導入支援を手がけてきました。

IT企業では要のSE（システムエンジニア）は、非常に集中力が必要とされ、根を詰める仕事です。

また、経済産業省が中心となって、日本全体でＤＸ（デジタル・トランスフォーメーション）が推進されているため、日本全体のシステム会社で仕事量が増加しており、常に人材不足の状態が続いています。

納期に間に合わせるため、ＳＥは徹夜で仕事をせざるを得ないケースが出てきます。

そのうえ、よくトラブルになるのが、システムを発注する側の事業会社がシステム構築の構造自体をよく理解できていないなどの理由から、納期間近になって、仕様変更の依頼等があるケースです。

このケースでは、さらにＳＥに負担がかかります。Ｏさんの会社ではありませんが、私もよく、ＳＥが過労で倒れ、救急車が来ることもあるのだということをお聞きしていました。

このような状況が続く中、よろず相談ができるＯさんの存在は非常に貴重で、きっとスタッフのみなさんから頼りにされる「心の支え」になっていることでしょう。

この事例も、Ｏさんの素晴らしいコンピテンシーがあるからこそ実現したと言えます。Ｏさんは、ＩＴ企業のみなさんにとって、なくてはならない存在となっているのです。

事例

エクセルを駆使して働く、90代の現役事務員
～勤続65年以上、社員に「働く意義」を教える貴重な存在

大阪の専門商社サンコーインダストリーに勤める玉置泰子さんは、勤続65年以上、90代の超ベテラン事務員さんです。

ギネスに認定された「世界最高齢総務部員」でもある玉置さんの肩書は、総務部長付課長。仕事の内容は、経理全般とＴＱＣ（業務品質改善のためのサークル活動）。サンコーインダストリーの三代目社長、奥山淑英さんが生まれる前からこの会社に勤務していたそうです。

玉置さんは、エクセルを使いこなし、新入社員への研修も担当。毎年パワーポイントを最適な内容に更新してプレゼンテーションしています。こうした仕事のツールの使い方や業務内容の勉強にも余念がありません。

私も、テレビで玉置さんが新入社員に指導している様子を拝見しましたが、非常に

しっかりとした内容で、「社員のあるべき姿」「仕事の心得」等を教えていました。

このように、自分の年齢や立場に甘えず、凛として働く姿は、他の社員にとってもよい影響を与えていると言います。

玉置さんの働く姿、真摯に仕事に打ち込む姿こそ、彼女の素晴らしいコンピテンシーのなせる業に他なりません。

さあ、ここまで、「経験知の言語化❶」では、あなたの「専門分野＝知識・領域」「実践スキル＝業務経験」「コンピテンシー＝行動特性・人間性」を見える化・言語化しました。

ここからは、これらを活用して、あなたの新たな可能性を探っていきましょう。

第3章

55歳から、驚くような可能性の扉が開く3つの戦略

～迷うほどに魅力的な112通りの選択がある

55歳からは、魅力的な112通りの選択肢が待っている

ここからは、これまで50余年の長い時間をかけて培ってきた、あなたの経験知や才能を、具体的な**収入プラン&仕事のプラン&人生設計**に具現化していきましょう。

じつは、あなたの希望次第で、**4つのキャリア戦略×4つの収入戦略×7つの出口戦略をかけ合わせて、合計112通りものバリエーション**の中から、あなた自身がこれまで考えてもみなかったような、豊かでワクワクする人生を選択できます。

55歳までの人生とはまったく異なる次元の、あなたの新しい人生の扉を、この章で紹介する3つの戦略を使って、あなた自身の手で開けていきましょう。

STEP2【キャリア戦略】

●あなたのこれからの「人生を展開する領域」を定める

第3章では、STEP2からSTEP4の3つの戦略(ステップ)で、55歳からのあなたの人生を設計していきます。

最初に、あなたの経験知を明らかにしながら、あなた自身が気づかなかった才能を拓き、多種多様・自由自在な「キャリア戦略」を立てていきます。

これまで通りの業種・職種で働くパターンから、まったく違う業種・職種で働くパターンまで、4通りのキャリアタイプから、あなたがもっともしっくりきて、ワクワクするキャリアパターンを選択していきます。

STEP3【収入戦略】

●あなたのこれからの「収入の目標」を決める

55歳から、どの程度の収入を目指すかを決めていきます。

プライベートライフとのバランスも考えながら、「家族との時間をできるだけ長く持ちたい」「しばらくの間はゆっくり・まったりしたい」「バリバリ仕事して稼ぎたい」「老後資金の心配がない収入プランを立てておきたい」など、あなた自身が設定した目標を実現するために必要な「収入戦略」を立てていきます。

ここでは、希望する収入額について、現状を基準に4通りの目標ゾーンの中から選択します。

STEP4【出口戦略】

●あなたのこれからの「キャリアを活かすところ」を決める

STEP2「キャリア戦略」、STEP3「収入戦略」で決めたプランを具現化するために、「どのような仕事を、どのようなスタイルでしていくか」を決めていく「出口戦略」について説明していきます。

この最終STEPでは、「今の会社に残る」から、「大学の教員になる」まで、4つの出口戦略＆3つの出口戦略・特別番外編、合計7通りの出口戦略から、あなたがもっとも心躍るシナリオを考えていきます。

あなたは、これからの人生をどのように過ごしていきたいですか？

もちろん、あなた自身はどの選択肢を選んでもかまいませんし、途中で「違うな」と感じたら、「やっぱりやめた」と方針を変えてもいいのです。

55歳、ここからの人生&あなたのキャリアは、あなた自身のもの！

会社にあなたのキャリアを「決められる」のではなく、**あなた自身がこれからのあなたの人生の主導権を握り、あなた自身のキャリアを「決めていく」**。

さあ、あなたの経験知を活かしたワイズ・マネーの具体的な稼ぎ方を、112の選択肢の中から見つけてください。

そして、一度しかないあなたの人生を、自由自在&思い通りに生きていきましょう。

STEP 2

キャリア戦略

あなたのこれからの「人生を展開する領域」を定める

●あなたの新たなキャリア「4つのパターン」の可能性を考える

あなたのこれまでの経験と新たな可能性をどう伸ばすかという観点から、以下の4つのパターンを考えていきます。

①キャリアアップ：同業種×同職種
②キャリアシフト：同業種×異職種
③キャリアチェンジ：異業種×同職種
④キャリアチャレンジ：異業種×異職種

新たなキャリア４つのパターン

	同業種	異業種
同職種	① キャリアアップ	③ キャリアチェンジ
異職種	② キャリアシフト	④ キャリアチャレンジ

たとえば、第2章でご紹介した田村さん（自動車営業職〈個人向け営業〉）は、業種は「小売業」、職種は「営業」となります。

もし、田村さんが異動または転職する場合、これまでの経験を活かしつつ、新たな可能性を探る4つのパターンを図に表すと、次のようになります。

①キャリアアップ：同業種×同職種
…今の会社 or 同業他社の自動車営業マネージャー

②キャリアシフト：同業種×異職種
…今の会社 or 同業他社の営業以外の仕事（顧客係など）

③キャリアチェンジ：異業種×同職種
…生命保険・住宅会社等の異業種の営業

④キャリアチャレンジ：異業種×異職種
…フランチャイズ本部の企画担当、他

こうして図式化してみると、さまざまな可能性が広がることがわかります。

田村さんの場合（自動車業界）

	同業種（小売業）	**異業種**
同職種（営業）	① **キャリアアップ** 今の会社 or 同業他社の自動車営業マネージャー	③ **キャリアチェンジ** 生命保険・住宅会社等の異業種の営業
異職種	② **キャリアシフト** 今の会社 or 同業他社の営業以外の仕事（顧客係など）	④ **キャリアチャレンジ** フランチャイズ本部の企画担当、他

4つのパターンで、新たなキャリアを歩むために必要な知識を確認する

では、田村さんが、①キャリアアップ、②キャリアシフト、③キャリアチェンジ、④キャリアチャレンジした場合には、新たにどのような知識・スキル・コンピテンシーが必要になるのでしょうか。次ページの図は、①②③④それぞれの領域において、新たに習得が必要となる知識・スキル・コンピテンシーを表しています。

①キャリアアップ：同業種×同職種
…今ある「知識」「スキル」「コンピテンシー」を、さらに深める

②キャリアシフト：同業種×異職種
…顧客対応など、新しい職種に必要な「スキル」を学ぶ

③キャリアチェンジ：異業種×同職種
…生命保険・住宅会社等に必要な「知識（専門知識・業界知識）」を学ぶ

④キャリアチャレンジ：異業種×異職種
…新しい仕事に必要な知識・スキルを学ぶ

田村さんの場合（自動車業界）

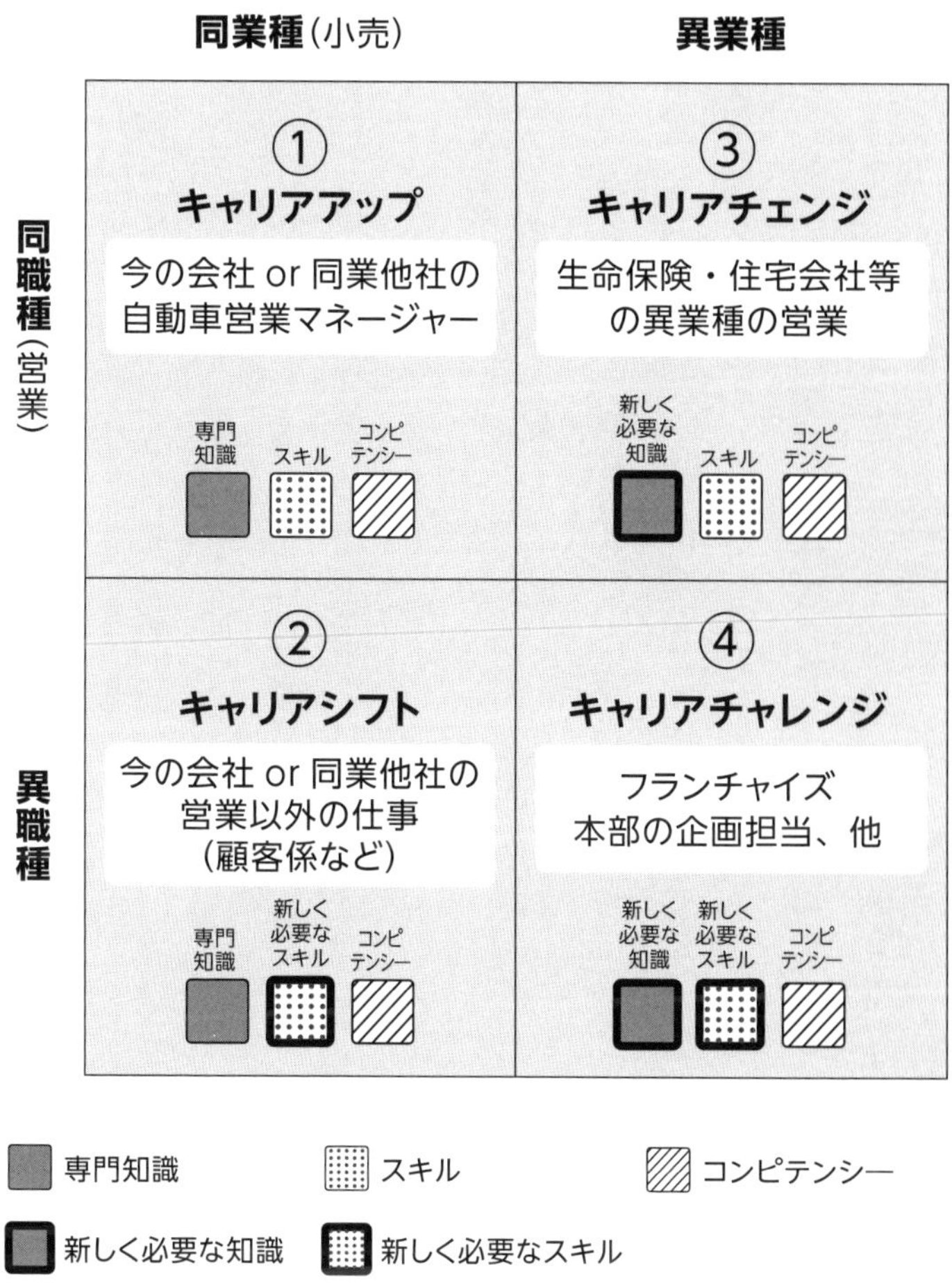

あなたの「4つのパターン」の可能性を考えるためのワークシート

田村さんの例にならって、あなた自身の新たなキャリアの可能性を探りましょう。
次の手順で、キャリアの4象限の図を完成してください。
✎まずは、(1)(2)にあなたの「今の仕事」の業種を書き入れましょう。
✎(3)に、あなたの「今の仕事」の職種を書き入れましょう。

Q1　あなたへの質問

・今の仕事のままでいいですか?
・今の仕事で、マネジメント職に就きたいですか?
・今の仕事で、もっと知識やスキルを深めてエキスパートになりたいですか?
・同業他社で、自分の可能性を試したいですか?

⬇①の枠に、あなたが今の業種・職種のままを希望する場合には、今後どのように仕事をしていきたいかを考え、やってみたい仕事の内容を書き入れましょう。

あなたの場合［(1) 業種］

	同業種［(2)］	異業種
同職種［(3)］	① キャリアアップ	③ キャリアチェンジ
異職種	② キャリアシフト	④ キャリアチャレンジ

✎(4)に、あなたが「チャレンジしたい仕事」の職種を書き入れましょう。
✎(5)に、あなたが「チャレンジしたい仕事」の業種を書き入れましょう。

Q2　あなたへの質問

・今の業種の知識を活用できて、仕事をしてみたい職種はありますか？
⬇今は、その職種のスキルはなくて構いませんので、思いつく職種で考えられる仕事を②に書いてみましょう。

Q3　あなたへの質問

・今の仕事の職種を活かして仕事をしてみたい、または、興味がある業種はありますか？
⬇今は、その業種の知識はなくて大丈夫なので、思いつく業種で考えられる仕事を、③に書いてみましょう。

あなたの場合［(1) 業種］

	同業種［(2)］	異業種［(5)］
同職種［(3)］	① キャリアアップ	③ キャリアチェンジ
異職種［(4)］	② キャリアシフト	④ キャリアチャレンジ

Q4　あなたへの質問

・知識もスキルもないけれど、なぜか魅かれる業種や職種はありますか？
・あてはないけれど、資格を取得してみたい、勉強してみたい業種や職種はありますか？
・過去に取得したけれど、まったく使っていない資格や検定などはありますか？
・ボランティアや趣味で、楽しいと感じる分野の業種や職種はありますか？

⬇「経験はないけれど、興味がある・ワクワクする」「子どものころからあこがれだった」「ボランティアや趣味で、すでに手がけている」「資格を持っている」「資格を取ろうと思っている」という仕事（業種・職種）があれば、④に書いてみましょう。

すべて書き終えたら、②③④に必要な知識・スキルを確認してみましょう。

⬇次ページの図の中で太線で囲んでいる部分が新しく必要な知識とスキルです。

こうして確認してみると、新しいキャリアの可能性を拓くために、どのような知識やスキルが必要なのかが明確になります。

あなたの場合［(1) 業種］

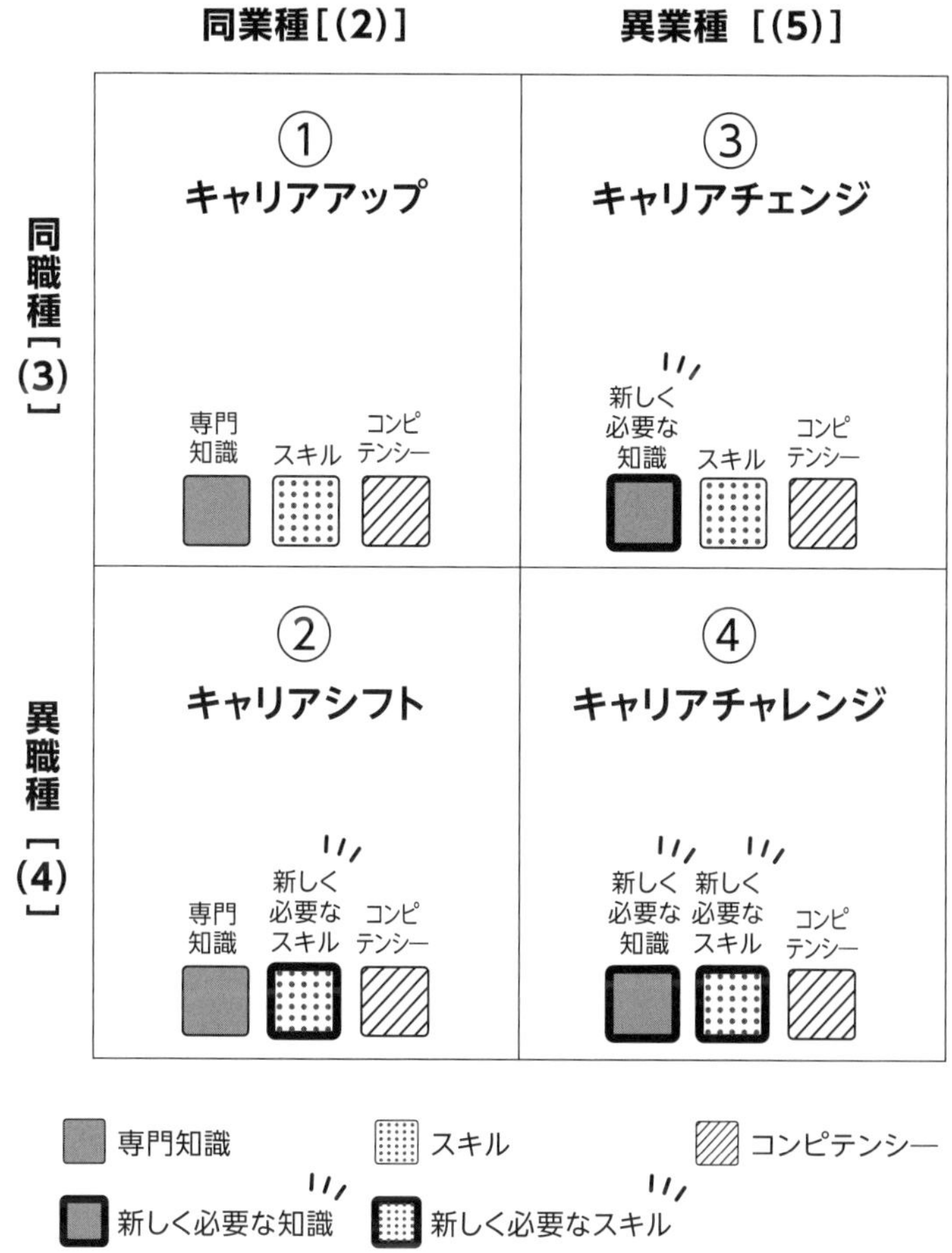
同業種［(2)］
異業種［(5)］
同職種［(3)］
異職種［(4)］
①
キャリアアップ
専門知識
スキル
コンピテンシー
③
キャリアチェンジ
新しく必要な知識
スキル
コンピテンシー
②
キャリアシフト
専門知識
新しく必要なスキル
コンピテンシー
④
キャリアチャレンジ
新しく必要な知識
新しく必要なスキル
コンピテンシー
専門知識
スキル
コンピテンシー
新しく必要な知識
新しく必要なスキル

4つのキャリアの組合せを実践、人生を切り拓いた人たち

さて、ここからは、これまでご紹介した、**①キャリアアップ**、**②キャリアシフト**、**③キャリアチェンジ**、**④キャリアチャレンジ**の4つの象限に、異動・転職した方々の事例をご紹介していきます（仮名にしてありますが、すべて実話です）。

❶キャリアアップの事例

今の仕事と同じ「同業種×同職種」で、今と同等か、さらにワンランク上のキャリアアップを目指します。

事例

出版社の編集長がコンサルとして独立し、収入アップ
～校閲室への異動に腐らず、新しい校正スキルを身につけながら着々と独立準備

佐藤さんは、何百冊もの書籍を編集し、ベストセラー作家のデビュー作を何冊も世

に送り出した有名出版社の元編集長です。

まさに、55歳も間近に迫ったある日、佐藤さんは大きな会議室に呼ばれました。

そこには、同じく55歳になったばかりの数多くの同僚が集められ、60歳定年後の身の振り方をたずねられます。60歳以降も会社に残るのなら、今後5年間の収入はこれまでの6割程度に減るというのです。

佐藤さんは、迷わず60歳定年退職を選んだそうです。ただそのときは、60歳以降の具体的な「キャリアプラン」は何も描いていませんでした。

その後、58歳になった佐藤さんは、「校閲室」への異動を命じられました。校閲とは、出版前の印刷物のミスを見つけて校正したり、より読者が読みやすい文章にする仕事です。編集のクリエイティブな仕事とは違い、いわば縁の下の力持ち的な地味な仕事です。

しかし佐藤さんは、「これも勉強。新しいスキルを身につける好機」と、潔く会社からの提案を受け入れ、コツコツ校閲の技術を身につけていきます。

そんなあるとき、知り合いの出版プロデューサーに声をかけられ、出版セミナーの講師を務めることになりました。本を出版したい人たちに「編集者が思わず出版したくなる出版企画書の作成方法」をテーマに話したところ、評判は上々。

そこで佐藤さんは、「自分の編集能力は、出版コンサルタントとして、本を出版したい著者のたまごを発掘することに活用できそうだ」と強く感じたのです。

それからというもの、出版コンサルタントになるための準備を着々と進めました。

一方で、勤めている校閲室での仕事も着実にスキルアップしていき、「一年間出版事故が一つもない」サポートをしたことから、校閲室が社長賞を受賞するという快挙を成し遂げました。

2年間の入念な準備ができたころ、60歳の定年退職。佐藤さんは、新人作家発掘の出版コンサルタントとして起業し、会社員時代と同等以上の収入を得ています。

「家が編集室なので、満員電車に乗って会社に行かなくても、同じように編集作業ができます。というのも、コロナ禍を経て、ネットを利用したさまざまな編集ツールも充実したので、人とリアルに会わなくても、以前より効率よく仕事がこなせるんです。

私がそのように仕事ができるのは、長年積み重ねた人脈、企画力、編集力に加え、校閲スキルも強みとして活かせているからだと思います。

他の出版コンサルタントとの差別化を図るためには、どんな業種もそうだと思いますが、**自分の強みを見つけ、いかに伝えることができるか**だと思います。

会社員時代と違い、多くの出版社の編集者と仕事ができるので、発想力も広がり、ますます編集という仕事が好きになりました。健康に気をつけて、生涯現役で働きたいですね」

佐藤さんは、独立した今、「仕事が趣味です！（笑）」と、AIからビジネス、ゴルフ、子育て、自己啓発、スピリチュアルまで、さまざまな分野の著者発掘や書籍編集に充実の日々を送っています。

解説

55歳が近づいてきたら、「役職定年」を迎える「心の準備、次の仕事の準備、お金の準備」をしておきたいものです。

佐藤さんの場合は、何の準備もない状態で不意を突かれ、さぞ驚かれたことでしょう。しかし、立派なのは校閲室に異動になってもめげず、「校閲のスキルを学ぶいい機会」と前向きに取り組まれ、同時進行でセカンドキャリアの準備をしたことです。

起業後も、出版社の編集者時代に築かれた人脈や編集力、企画力を存分に活かして仕事をされている素晴らしい事例です。

田原からのワンポイントアドバイス

突然の異動命令にもめげず、異動先でゼロから学ぶ姿勢は見習いたいものです。編集者にとって、校正のスキル習得は、リスキリングならぬスキルアップそのもの。さらに特筆すべきことは、定年までの2年間で、その後の「キャリアプラン」を描いていったことです。

目的意識を持っていたことで、出版プロデューサーとの出会いがあり、新たな仕事に果敢にチャレンジしたことで、出版コンサルタントとしてのノウハウが身について、定年後もスムーズに独立できたのだと思います。

❷キャリアシフトの事例

今の仕事と同じ業種で違う職種、すなわち「同業種×異職種」で、思う存分専門知識を発揮していきます。

事例

損保会社の事務職から営業職に転身
〜一般職から総合職への転換命令で思わぬ才能を発揮！

花沢さんは、ある損害保険会社に「一般職」として入社しました。営業担当者が効率よく営業に従事できるよういつも心を配り、細々したたくさんの書類もスピーディに作成する模範的な一般職として活躍しています。年を重ねるほどに、仕事の熟達度も高まり、営業担当者からは、「花沢さんに任せておけば安心！」と評判も上々でした。

ところが、この会社にも数年前からＲＰＡ（ロボティック・プロセス・オートメーション）が入り始め、事務作業が自動化されたため、以前と比較して明らかに仕事が減ってきたことに危機感を感じていました。なかでも、経費の計算等に代表される単純業務は、24時間働き続けるＲＰＡに完全に代替されました。

そのため、社内の研修担当者からは、彼女たちに対して、「一般職から総合職、とりわけ営業職への転換を促す」話が、ちょくちょく持ちかけられるようになってきました。

一方で、花沢さんをはじめとする女性チームのメンバーの多くは、「自分にはサポートはできるが、営業は向いていない」と、頑なに思い込んでいました。

ある日、人材開発のコンサルタント(私、田原です)の研修を受け、男性営業担当者と同じような働き方をしなくても、今は、メール等を通じてソフトなアプローチをする、新しいスタイルの営業活動があることを知りました。

「長年営業サポートを手がけてきた、彼女たちならではのきめ細やかさ」が強みとして活かせる、ホスピタリティを大切にした営業スタイルです。

花沢さんが、「できない」と思い込んでいた営業スタイルは、古い営業スタイルでした。今は、Web面談なども活用したスタイルが主流だと聞いて、営業にチャレンジしてみようと、一大決心します。

最初は恐る恐るお客様にアプローチをしていましたが、実際にメールや電話等でコンタクトを取ると、意外に上手くいきます。また、Web面談なら、対面ほどのドキドキ感もありません。

それ以上に驚いたのは、**これまで自分が営業サポートとして細々した対応をしてきた「経験知がそのまま活かせる」**ことです。それもそのはず、営業マンをサポートしていれば、営業の流れも熟知していますし、初回面談から契約に至るまで、何を準備しなければならないかなど、抜け漏れなくできます。

営業にチャレンジしてまもなく、花沢さんは一件目の契約を受注しました。

自分なりの無理のない営業方法だったことから、「営業は大変」「営業はキツイ」というイメージは、自分の思い込みだったと気づき、メキメキ手腕を発揮し始めました。

そんな花沢さんの様子を見ていたチームの一般職の女性たちは、「あんなふうにお客様に寄り添う営業スタイルなら、私もできそう！」と、次々に営業にチャレンジし始めました。チームで取り組めば、互いに相談もでき、何かと心強いものです。

こうして、この損害保険会社では、一般職から総合職に転身した営業ウーマンが次々と誕生し、今も彼女たちなりの営業スタイルで驚くほどの成果を上げています。

解説

「一般職」とは、「総合職」や組織をサポートする職種であり、通常はジョブローテーションや転勤がありません。

これに対して、総合職とは、営業・企画開発・技術等といった企業を支えるコア業務であり、ジョブローテーションや転勤がある職種です（一般職と総合職の区別がない企業もあります）。

ところが、ＲＰＡやＡＩの進化によって、一般職の仕事が現時点で少なからぬ影響を受けています。

２０２１年11月30日の『日本経済新聞』では、「私の仕事がなくなる前に　事務からＩＴ、学び直し急ぐ」という見出しの記事が大きく掲載され話題になりました。

事務系の仕事はＲＰＡ、ＡＩの普及によって代替されることが予想されるため、リスキリングしなければ、仕事がなくなる可能性があることを示唆しています。

花沢さんは、社内で長年同じ部門に留まっており、その仕事が固定席のようになっていました。こうなってしまうと、他部門の仕事に対して、「自分にはできない」「向いていない」という、拒否感や固定観念がついてしまいます。

一方で、特に一般職の方々や他部門をサポートしている職種の方は、社内の年間の動きを俯瞰して仕事の流れをよく把握しているものです。

なかには、他の部門の仕事のやり方を見て「効率悪そうだな」「私なら、あんな仕事の仕方はしない」と感じることも多々あると思います。

「私には無理」という思い込みを払拭して、新しい部門の仕事にチャレンジしてみましょう。

田原からのワンポイントアドバイス

「（営業）サポートができるなら、その仕事（営業）自体もできる」

この法則は、営業以外にも、「すべての仕事」に当てはまります。

じつは、仕事をしている本人よりも、そばでサポートしている人のほうが、客観的にその仕事のことが、よく見えているものなのです。

自分がサポートしている部門の担当者が、「要領悪いな」「イライラするな」と感じたことがある方！　あなた自身がその仕事にチャレンジするチャンスですよ！

❸キャリアチェンジの事例

今の仕事とは異なる業種で同じ仕事、すなわち「異業種×同職種」で、多チャンネルに活用できる汎用スキルを発揮していきます。

事例

保険会社の課長、成績振るわず左遷。コーチとしてスカウト

〜営業課長から社内左遷。部下指導で培ったコーチング力が認められる

野中さんは、大手保険会社に生命保険の営業職として入社しました。

入社後は成績も上々で、数年後、若くして課長になった野中さんは、「小さな地方の事業所を自分たちの力で大きくしよう！」と、チームワークを大切に、プレイングマネージャーとして活躍します。

また、部下を育てるために、いち早く「コーチング」を取り入れようと、自腹を切っ

て高額のコーチ養成講座も受講し、よい成績で資格も取得しました。

野中さんのコーチングで、部下はぐんぐん育っていきます。

ところが、部下は売れるようになったものの、野中さん自身の成績が徐々に振るわなくなってきました。時代が変わったのか、顧客が変わったのか……。理由は定かではありませんが、実績は下がる一方で、スランプ状態に陥ってしまったのです。

そんな最中、タイミング悪く、自分と相性がよくないA氏が営業所長に就任、野中さんは総務に異動させられてしまいました。事実上の左遷です。

悩んだ野中さんは、そろそろ近づく役職定年に備えて、レベルアップした、プロを養成するコーチングスクールに通い始めました。

部下指導で培ったコーチングのスキルは、スクール生の中でも目立ちます。また、国家資格のキャリアコンサルタントの資格も取得し、そろそろ転職を考えようとしていた矢先、同じコーチングスクールの受講生から声をかけられます。

「うちは教育研修会社なのですが、人事部に部長として来てもらえませんか？　コーチングをサービスとして定着させたく、コーチングに明るい方を探していたのです」

その受講生は人事担当の執行役員で、野中さんに白羽の矢を立てたのです。二つ返事で転職した野中さんは、今まさに、保険業界のクライアントに対して、コーチングの指導をしています。彼の知識・スキル、才能を最大限に活かした素晴らしい転身の事例です。

解説

野中さんは、自分が従事している「仕事そのもの」ではなく、その仕事を「教え、コーチングするスキル」で、予想外の力を発揮しました。

人材には、「監督タイプ」と「選手タイプ」という2つのタイプがあります。

たとえば、野球を例にすると、「選手」としてバッターやピッチャーとして素晴らしい力を発揮する人がいる一方、選手としては成績はパッとしないが、「監督」として選手とチームの力を引き出すのが上手い人がいます。

野中さんは、まさに「監督」タイプ。そして、自分も過去には実績を上げ課長にまで昇進した人ですから、保険の売り方のイロハはきちんと押さえており、監督の条件としては申し分なく、野中さんの知識もスキルも思う存分発揮できるはずです。

クライアントもさぞ喜んでおられることでしょう。

田原からのワンポイントアドバイス

この本の読者のうち多くの方が、後輩や部下を育て、人に教えた経験があることでしょう。

労働人口が減り、慢性的な人材不足が続いており、将来的にもっと人材が足りなくなる状況下において、「教える」「育てる」は、すべての業種・職種で、企業からニーズがある分野です。

ぜひ、あなたも、自分自身の経験知（知識・スキル・コンピテンシー）を棚卸ししておきましょう。

❹キャリアチャレンジの事例

今の仕事とは、まったく異なる「異業種×異職種」で、新境地を拓いていきます。

事例

経営者の妻から倒産を経て、好きな花の仕事に就く

～何もかもなくして考えた、自分にできることで、生きがいを見つける！

三田さんは専業主婦。学生時代にお見合い結婚したご主人は、社長として家業を継ぎ、3人の子どもたちに囲まれて、何一つ不自由なく暮らしていました。

しかし、同じエリアに強力な競合他社が現れ、組織力を発揮してシェアをどんどん伸ばし、三田さんのご主人の会社の業績は悪化の一途をたどってしまいました。もっとも恐れていた倒産が現実となり、三田家の家族はバラバラになってしまいます。

ご主人は、会社員として零細企業に就職し、家業を手伝っていた長男は福岡へ。長

女は、幸いすでに社会人となって都内の企業に就職していましたが、未だ大学を出ていない次男の生活費は、平社員に戻ってしまったご主人の給料では賄えません。

「私も働こう」

学生時代に結婚した三田さんは、これまで一度も働いたことがなく、就職経験がない三田さんを雇ってくれる会社はなかなか見つかりませんでした。

あきらめかけたころ、やっと見つけた仕事は、近所のスーパーにある花屋のパートでした。真冬には冷たい水の中で花を切る作業で、彼女の手はあかぎれだらけになり、夏の猛暑の中での苗木への水やりは彼女にはとても大変な仕事でした。

麦藁帽子をかぶって顔を布で覆っても、強烈な日差しが容赦なく照りつけ、色白の彼女は真っ黒に日焼けしました。

しかし、毎日大好きな花に囲まれている彼女は、むしろイキイキしていました。

やがて、花に関する知識が豊富でセンスのよい彼女に、アレンジを頼むお客様が増え、彼女はリーダーに抜擢され、生まれて初めて仕事に生きがいを感じ始めました。

5年経った今、三田さんは、スーパーの正社員として雇用され、花売場だけでなく、売場全体の主任として活躍しています。
「私にできる仕事なんてないと思っていました。だから、無我夢中で働きました。好きなお花の仕事ですから、辛いことも耐えられたのだと思います。そして今は、仕事って楽しいと思える毎日を送っています」
と言う三田さん。ゼロからのキャリアチャレンジを成功させた、素晴らしい事例です。

解説

今から10年以上前には、働く女性の比率より、専業主婦の比率のほうが高く、「夫が働き、妻が家を守る」というパターンが多くありました。

しかし今は、この比率は逆転しており、働く女性の比率が専業主婦を上回っています。また、変化の激しい時代ですから、倒産やM&Aなど不測の事態が起こる可能性も少なくありません。

このような時代には、家族内で、父や夫など誰かが「主」で、それ以外の人が「従」というように働き方を「固定」する必要はないように思います。

そのときの状況に合わせて、家族全員が「柔軟に働く体制を整えておく」ことが必要ではないでしょうか。

少なくとも、家族内の誰かが重荷に感じるような働き方だけは、避けたいものです。

田原からのワンポイントアドバイス

元社長夫人、職歴ゼロでも、やる気さえあれば、三田さんのようにいくらでも力を発揮できます。

人生１００年時代ですから、一人暮らしの方も、家族と一緒に暮らしている方も、全員が、お互いに支え合い、生きがいを感じながら、果敢に人生にチャレンジする、「キャリアチャレンジ」の精神を持ち合わせておきたいものです！

STEP 3

収入戦略

あなたのこれからの「収入の目標」を決める

ここからは、あなたの目標に合わせた、収入プランを立てていきましょう。

今の時代は、働き方＆稼ぎ方も、じつに多くのバリエーションがあり、多種多様です。

そして、ぜひ、あなたに考えていただきたいのは、**収入プランとともに、目標の金額を達成するために、どのようにして稼ぐかという「ワークスタイル」です。**

もしかすると、あなたはこれまで、「身体を動かして働くこと」「出勤して働くこと」「雇用関係を結んで働くこと」だけの範囲で、働き方を考えてきたかもしれません。

しかし、今の時代、時間・空間・雇用などに縛られない、自由な働き方が実現可能

なのです。

・テレワークに代表されるように、「会社に出勤しなくても仕事ができる方法」もあります。

・「ギグワーク（Ｇｉｇ　Ｗｏｒｋ）」と言われる、雇用関係を結ばない、単発・短時間の働き方もあります（※ギグワークとは、Ｇｉｇ＝単発と、Ｗｏｒｋ＝働く、とを組み合わせてできた言葉です）。

・さらに、この本のテーマである、「ワイズ・マネー」を、身体を動かさず、頭を動かして、知識や知恵で稼ぐ働き方があります。

（※本章のＳＴＥＰ３の収入戦略の次には、いよいよ、ＳＴＥＰ４の出口戦略で、短時間で効率よく、比較的高い単価を稼げる仕事も各種ご紹介しています）

そして、このように「知識や知恵で稼ぐ働き方」は、かの有名な、経営の父と言われている経営学者のピーター・ドラッカーが、今から60年以上も前の１９５７年に出版した『断絶の時代』（上田　惇生訳　ダイヤモンド社）の中で、すでに予言していた働き方です。

ただし、そうかと言って、私は労働によって得られる収入を否定しているわけでは決してありません。

それどころか、ＡＩに代替される仕事が増える中、人間対人間が直接触れ合う「ヒューマンタッチな仕事」は、ますます求められていくことでしょう。

そして、ヒューマンタッチな仕事においても、「思いやり、おもてなし、気配りができる」などの、優れたコンピテンシーを発揮できる人たちが求められ、まず一番に高単価で採用されることでしょう（実は、これも経験知の一種です）。

逆に、仕事に対する情熱もなく、作業として機械的な接客をしていたとしたら、同じ仕事でも、単価は低く見積もられることでしょう。

このように考えると、どちらにせよワイズ・マネーを稼げるようになれば、収入にも直結しており、「優位」にはなっても「不利」になることはありません。

●これからどれくらいの収入を目指しますか？

・収入はこれまで通りで、もっともっと人生を楽しみたい

・収入はこれまでより少し多く、仕事で感じるストレスをなくしたい
・収入は下がってもいいから、なるべく仕事の時間を少なくしたい
・どんな仕事ができるか、いろいろな可能性にチャレンジしてみたい
・これからもバリバリ働いて、できるだけ多くの収入が欲しい
・思い切って起業したい

などなど、自由自在＆多種多様なプランが考えられます。

どれくらいの時間を収入を得るために使いたいですか？

・できれば、あまり仕事に時間を費やしたくない
・1週間のうち、1〜2回、短時間の勤務を望む
・仕事半分、自由時間半分という、イーブンのバランスで働きたい
・ウイークデイは、残業はしない程度に、普通に働きたい
・収入アップ＆自分のモチベーションアップのため、なるべく多く働きたい

などなど、まさに多種多様です。人によっては、家にいても居心地が悪く、「働きに出るほうが、むしろ気がラクだ！」という方もいることでしょう。

時間単価で働きますか？　時間単価でない働き方を選びますか？

ワイズ・マネーの一番の特徴は、従来のように決められた時間に出社して、「時間単価で働く」という働き方もあれば、自己裁量で、「都合のいい時間だけ働く」という働き方を選択できることです。

この後、「STEP4出口戦略」で具体的な働き方をお伝えしますが、たとえば、ナレッジ派遣サービスや顧問サービスでは、交渉次第で、自分の都合のいい日だけ働くことが可能になります。

また、**「時間単価でなく、仕事の成果にコミットして働く」**という形で、報酬を得る方法もあります。こちらは、同じく「STEP4出口戦略」でご紹介しているナレッジシェアサービスなど、あなたの中の数ある強みや得意部分だけを切り取って、時間や空間に捉われず、成果というアウトプットだけで報酬をもらうことができます。

「出社して、人とふれあいながら、和気あいあいと働きたい」という方や、「家の中で仕事をすると捗《はかど》らないし、健康のためにも出社したい」という方もいることでしょょう。「妻から、『家にずっといないでくれ』と言われている」というような各家庭の事情なども加味しながら、自由自在に決めていけばいいのです。

●これからは、報酬も「ポートフォリオ・マネジメント」が大事

本書でお勧めしたいのは、「ポートフォリオ・マネジメント」です。

ポートフォリオとは、リスクを分散するための資産の組合せのこと。

言わば、**「複数の仕事を組み合わせる働き方」**です。

というのも、昨今はコロナ禍だったり、さらにウクライナとロシアの紛争などに見られるように政情も不安定であるため、いつ、どこで、何が起こり、どんな仕事がなくなり、どんな企業が倒産するかわからない時代です。

ですから、次のような視点で収入を分析し、バランスを取ることが必要になります。

①固定収入＋変動収入
固定収入…給料や顧問料など、毎月安定・継続する収入、サブスクリプション収入
変動収入…単発の仕事や、プロジェクトなどで得られる収入

② 勤労収入＋不労所得

勤労収入…身体や頭を使って得る収入

不労所得…働かなくても得られる収入

③ 時間的制約のある収入＋時間的制約が比較的自由な収入

時間的制約のある収入…会社員、パート、派遣など

時間的制約が比較的自由な収入…副業全般（スキルシェアサービス・スキル派遣サービス、顧問、オンライン講座など）

このように、報酬のバランスも考えながら、さまざまな形態の働き方をチョイスして、組み合わせておきましょう。これらの報酬を合算して収入目標を設定しておけば、万一、いずれかの収入が途絶えたとしても、他の収入があるので安心ですね！

●ダブル＆トリプルワークは当たり前。時間を自在に使いこなそう

55歳からの仕事を考えるうえでのポイントは、人生は一度切りですが、仕事は一度

切りではないことです。

前述した脳の学校代表で医学博士でもある加藤先生の説によれば、脳は１２０歳まで成長するのですから、この機会に、２つでも３つでも、さまざまな仕事にチャレンジしてみるのもいいでしょう。人生の時間・空間は、あなた自身のものです。

そして、仕事を選ぶ際には、収入面でのリスクヘッジも考えながら、あなたの人生の可能性を思い切り広げてみてはいかがでしょうか。

報酬には「４つの目標ゾーン」がある

さて、ここからは、ＳＴＥＰ３の収入戦略について、現実的なレベルで考えてみましょう。

55歳の平均年収は、２０２３年の転職サービスｄｏｄａのデータによると、６１５万円となっています。

また、『週刊ダイヤモンド』の２０２２年の調査によると、大企業の６割が役職定年制度を採用しており、役職定年による月給・ボーナス・年収減少幅は、11～30％が最多となっていますが、なかには、71％以上も減収となる企業もあります。

そのため、ここでは**55歳のときの年収を600万円と仮定して、その収入が300万円に減額となった場合に、副業等でどの程度補充するお金を稼げばいいかを試算**します。

55歳で役職定年になる場合には、「65歳定年が義務化」を想定して、55歳〜65歳までの時間繋ぎとするか、もしくは、思い切って退職して転職・起業するなど、新たな道を歩む可能性もあることでしょう。

また同時に、定年退職後の生活も想定してみました。

厚生労働省が発表した2019年度の「厚生年金保険・国民年金事業の概況」によると、定年退職後の公的年金は、65歳以上男性の受給権者の合計受給額の平均は月額17万1305円、女性は月額10万8813円となっています。夫婦二人暮らしで年金を合算すると、合計でおよそ年間336万円となります。

このように、**これからお話しするシミュレーションは、「55歳役職定年後」にも、「65歳定年後」にも、どちらでも当てはまるように試算してみました。**

もし、年収３００万円だったとしたら、これらに加えて、どの程度稼ぎたいかを考えて、あなたに合った「年収目標ゾーン」を決定します。

また、年収目標ゾーンが決まったら、目標に合った出口戦略（このあとの章で詳述）で、具体的に何をすればいいかを確認してみます。

目標ゾーン❶　これまでの「6割の収入」を確保する

・年収６００万円×６割＝３６０万円。
・３００万円との差額、60万円を稼ぐ方法を考える。
☞60万円を12カ月で割ると、１カ月５万円稼げばＯＫ。

付加価値を高めて今の会社に残る方法もあれば、本章でご紹介する「スキルシェアサービス」「スキル派遣サービス」に登録して、収入アップを目指しましょう。

【ケース１】今の会社で付加価値を高め報酬をアップしてもらう

「スキル＆年収＆労働期間アップ」を目指して努力し交渉する　⬇出口戦略❶へ
（１５５ページ）

【ケース2】月5万円の副業を探す

「スキルシェアサービス」に登録して稼ぐ　⬇出口戦略❷へ（162ページ）

ちなみに、「スキルシェアサービス」とは、自分のスキルを登録して依頼を待つサービスのことを指しています。

【ケース3】月額5万円の顧問先を見つける

「スキル派遣サービス」に登録して稼ぐ　⬇出口戦略❷へ（162ページ）

なお、「スキル派遣サービス」とは、一般的な人材派遣というより、専門性やスキルを特定して派遣するサービスのことを指す造語です。

目標ゾーン❷　これまでの「8割の収入」を確保する

・年収600万円×8割＝480万円。
・300万円との差額、180万円を稼ぐ方法を考える。
☞180万円を12カ月で割ると、1カ月15万円稼げばOK。
月額15万円に該当する、少しボリュームのある仕事を探しましょう。

もし、あなたが社内で部下に教えられるような「得意な分野」や「専門知識」があれば、講師として出口戦略・特別番外編❶の研修講師やオンライン講座の運営、出口戦略・特別番外編❸の大学講師の募集に応募することも可能です。

【ケース1】月額15万円の顧問先を見つける

「スキル派遣サービス」に登録して、複数の顧問先を見つけるか、自分のつてを使って顧問先を見つける⬇　出口戦略❷へ（162ページ）

【ケース2】月1回　研修講師（15万円）を務める

「研修講師・オンライン講座」を受注・構築する⬇　出口戦略・特別番外編❶へ（206ページ）

【ケース3】月複数回　実務家教員（15万円）を務める

「大学講師」の募集に応募する⬇　出口戦略・特別番外編❸へ（225ページ）

目標ゾーン❸　これまでと「同等の収入」を確保する

・年収600万円×10割＝600万円。
・300万円との差額、300万円を稼ぐ方法を考える。
☞ 300万円を12カ月で割ると、1カ月25万円稼げばOK。
転職もよし、付加価値の高いコンサルティング等の副業をするのもいいでしょう。

【ケース1】合計金額が月額25万円になるよう、スキル派遣サービス等を組み立てる

「スキル派遣サービス」に複数登録する⬇　出口戦略❷へ（162ページ）
目標ゾーン❶❷で紹介したような、5万〜10万円程度の単価の仕事を複数こなして合計月額25万円になるよう、自分で組み立てる。

【ケース2】転職する

「転職する」を参考に、「転職の4つのパターン」の中で、もっともあなたの知識・スキル・コンピテンシーが活かせる企業に転職する⬇　出口戦略❸へ（182ページ）

【ケース3】月額25万円のコンサルティング先を見つける

「コンサルタント」として独立を参考に、月額25万円の対価に見合うよう、「顧問よりさらに一歩進んで、業務改善や社内教育などのコンサルティング」を手がける⬇出口戦略・特別番外編❷へ（219ページ）

目標ゾーン④　これまで「以上の収入」を確保する

・年収600万円×1・2倍＝720万円。
・300万円との差額、420万円を稼ぐ方法を考える。
☞420万円を12カ月で割ると、月に35万円稼げばいいのですが、この場合には、いっそのこと、高い年収を稼げる企業に転職するか、起業して高い年収を目指すといいでしょう。

【ケース1】転職する

特にあなたの知識・スキル・コンピテンシーを高く評価してくれる企業を探して、年収720万円以上の企業に転職する（例：エグゼクティブ転職サービス等）⬇出

口戦略❸へ（182ページ）

【ケース2】コンサルタントとして独立する

コンサルタントとして独立し、月額30万円のクライアントを2件以上見つける ⬇出口戦略・特別番外編❷へ（219ページ）

なお、コンサルタントとしての稼働日数が少ない場合は、出口戦略❷の「スキル派遣サービス」や、出口戦略・特別番外編❶の「オンライン講座」「研修講師」なども兼業できる。

【ケース3】起業する

あなたのもっともやってみたい仕事、得意な仕事で独立する ⬇出口戦略❹へ（192ページ）

ただし、起業するための最小限の費用は必要となる。

STEP 4

出口戦略

あなたのこれからの「キャリアを活かすところ」を決める

●これまでのキャリアと眠れる才能を活用して、最高の人生を歩み出そう

ＳＴＥＰ２では、これからの人生で、「どのようなキャリアを歩んでいきたいか」という方向性を決めるための「キャリア戦略」を、ＳＴＥＰ３では、これからの人生で、「どれくらいの収入を目指すか」という目標を定めるための「収入戦略」についてお伝えしました。

最後のＳＴＥＰ４では、55歳からの「本当に豊かな人生」を切り拓くための**「出口戦略」**についてお話ししていきます。**出口戦略では、次の４つのパターンと３つの特別番外編、合計７通りの「出口＝仕事」**を考えていきます。

❶今の会社に残る⬇スキル＆年収＆労働期間アップを目指す
❷副業する⬇新しい可能性を試して、転職・起業も視野に
❸転職する⬇思い切って、新たな世界に飛び込む
❹起業する⬇一念発起して、マイワールドを満喫する
特別番外編❶⬇あなたの「経験知」を講座や研修にして売る
特別番外編❷⬇あなたの強みを活かして、「コンサルタント」として独立する
特別番外編❸⬇あなたの専門性を活かせば、「大学教員」の道も開かれている

これから実際に、収入を得ていくためのさまざまな事例をご紹介していきます。きっと、「これなら私にもできそう」と感じる、あなたにぴったり合う事例が見つかることでしょう。

あなたの人生を、このままでは終わらせません。
もう、リストラも、左遷も、出向も、役職定年も怖くありません。
一緒に出口戦略を考えましょう。

出口戦略❶

今の会社に残る

スキル＆年収＆労働期間アップを目指す

ポイント

「役職定年後、今の会社に残る」という出口戦略❶では、今のうちから、少しでもあなたのステイタスや存在価値をアップしておくよう心がけましょう。

そうすれば、あなたはより長い期間会社に必要とされ、当然部下からも尊敬されて、居心地よく働き続けることができます。

また、場合によっては、一般の役職定年者より、収入をアップさせることも可能になります。

そして、そのためには、次のような戦略・戦術が必要です。

●あなたの強みである「経験知」を明確にしておく

会社は専門知識やスキルがある人の経験知を必要とするものです。社内で後輩育成に寄与したり、社内講師を務めるのもいいでしょう。

●「新たなスキル」を習得する

120ページでご紹介した編集者の佐藤さんの校正スキルの事例のように、現在の仕事に関連する付加価値の高いスキルを習得するといいでしょう。その他、コーチングや、AIなどのデジタル系スキルなどもお勧めです。

●コンピテンシーを発揮して、社内のメンターやアドバイザーを務める

若手社員が自分の上司に相談できないことも、年齢の高いあなただからこそ相談できることがあります。

97ページで紹介したIT起業のOさんの事例のように、ギスギスしがちな職場をホッとさせる存在になりましょう。

●出口戦略❶で考えられるパターン

ＳＴＥＰ2のキャリアアップ、またはキャリアシフトが該当します。

特に新たに身につけなくてはならない専門知識やスキルはありません。

「少しでも長く働きたい」「よりよい待遇を求める」という方は、付加価値を高めるような知識やスキルを習得するよう、心がけるといいでしょう。

事例

一度退職した会社から、カムバックの要請が！
～退職したあとで、企業があなたの価値に気づくことがある

太田さんは、長年印刷会社に勤務し、45歳で部長となりましたが、55歳で役職定年を迎え、60歳で定年退職しました。

印刷会社では、システム化が進んでおり、生産性が向上すると必要人員も少なくな

るため、会社自体の人数も、どんどん減ってきていました。特に役職者は給料が高いため、太田さんの同僚の中には、リストラされた者も少なくありません。

ところが、定年退職した半年後、元の会社の社長から電話があり「戻ってほしい」と言うのです。太田さんは一瞬耳を疑いましたが、翌日、久しぶりに会社をたずねました。

すると社長は、**「印刷技術や、客先との調整スキルを持った人材がいなくなり、困っている」**と言うのです。

太田さんは今、もう一度部長という肩書をもらっています。報酬は以前ほど高くはありませんが、役職定年時の2割増しの給料をもらって、イキイキと力を発揮して働いています。

解説

太田さんのケースのように、ベテランがいなくなったために、技術やスキルが不足して困っている企業の話を最近よく耳にします。

このケースは、まさに、長く勤めた方ならではの経験知が認められた好事例です。

田原からのワンポイントアドバイス

本書のテーマである、経験知の大切さが認められたケースです。ぜひ、あなたもご自身の経験知を、社内で見えるカタチにしておきましょう。

事例

定年退職後、取引先企業からラブコール
～係長止まりだった平凡な会社員が、零細企業の社長に就任

村木さんは、長年エネルギー会社に勤務していました。もともと技術系出身の村木さんは、30代半ばに技術部門から営業部門に異動になりました。しかし、営業は苦手なままです。そのため、係長まで昇進はしましたが、それ以降はあまりパッとせず、定年を迎えました。

次の就職先を探すものの、なかなか見つからず、ある中規模の事業会社に営業として再就職しましたが、成績も上がらず、辞めさせられてしまいました。

そんなとき、以前の取引先だった小さな工事店の代表が、「村木さんに会いたい」と連絡してきたのです。

「次の就職先は、まあ、ここでもいいか……」と工事店をたずねた村木さんに、社長は、**「自分はもう高齢になったので、会社を継いでほしい」**と言うのです。

驚いた村木さんですが、もともと技術出身ですから、工事はお手のものです。経営と言っても自分の他に、あと2名工事ができる者がいるだけですから、思い切って社長を引き受けることにしました。

晴れて村木さんは、工事店の社長になり、**「代表取締役」の名刺を持って、誇らしげです。**今は、技術を活かして立派な経営者になっています。

解説

日本の企業の9割は中小零細企業が占めています。

今、これらの企業の多くで事業承継をする者が見つからず、廃業する会社も少なくなく、社会問題にもなっています。

村木さんのようなケースは、これからも増えていくことでしょう。

このケースは、あなたの専門知識・スキルと、「事業を任せたい」と思われる誠実さや人間性である、コンピテンシーが認められた好事例です。

田原からのワンポイントアドバイス

本書のテーマである経験知が認められて、村木さんは転身に成功しました。かつての勤務先で培ってきた取引先との信頼関係が成就したケースです。

あなたも、もし社長に抜擢されてもおじけづかぬよう、心づもりをしておきましょう。

出口戦略❷

副業する

新しい可能性を試して、転職・起業も視野に

ポイント

「副業で稼ぐ」という出口戦略その❷では、**「あなたの経験知を構成している強みを特定して、商品化しておく」**ことが成功の鍵です。

強みを構成している専門知識やスキルを活かして、次のような**「スキルシェアサービス」**や**「スキル派遣サービス」に登録**しましょう。

あなたが持っている「経験・知識・スキル」を必要としている人や企業は、日本のみならず、世界のどこかに必ずあります。

副業で自信がついたら、思いきって転職もよし、もちろん起業してもいいでしょう。

●「スキルシェアサービス」で副業する場合

スキルシェアサービスとは、あなたの「経験・知識・スキル」を、専門家として単価を決めて登録し、それらが必要な人や企業から仕事の依頼を受ける、スキルのプラットフォームです。ビジネス代行、翻訳、家庭教師、デザイン、システム関連から、ダイエットや趣味、占いに至るまで、さまざまなスキルが登録できます。

たとえば、ビジネス代行なら、経理・財務・税務・各種書類の作成・文字起こし・データ入力・データ分析・整理・集計・人事・労務の相談・代行・オンラインアシスタントまで、多種多様な経験・知識・スキルが必要とされています。

（例）

ココナラ…日本最大級のスキルシェアサービス

ランサーズ…日本最大級のクラウドソーシングサイト

クラウドワークス…ワーカー数ナンバーワンのクラウドソーシングサイト

FLASH Opinion…専門家から24時間以内に回答が得られるサービス

・専門知識・スキル・ネットワークなどを明確にしておく

スキルシェアサービスでは、あなたができる具体的な業務やスキルを明確にして、一つではなく複数のスキルを登録しておきましょう。

また、あなたの強みをいくつかの分野やサービスとして細分化し、低価格から高価格まで提示しておくことで、さまざまな仕事の依頼が来る可能性があります。

・実績をなるべく目に見えるカタチにしておく

これまで手がけた仕事、これから手がける仕事では、「長年〇〇の業務をミスなく担当し、社内表彰された」「〇〇の企画を手がけた」「〇〇のイベントで〇〇を販売した」「自社工場で、〇〇の開発に加わった」「社内で〇〇の研修講師を担当した」「〇〇という社外レポートを発表した」など、実績や成果を明らかにしておきましょう。

ただし、社内の守秘義務に該当することは開示できませんので注意してください。

「スキル派遣サービス」で副業する場合

スキル派遣サービスとは私の造語で、一般的な人材派遣というより、経験知を持つ人を適材適所で派遣するサービスです。

言わば、あなたの「経験・知識・スキル」を顧問や専門家として登録し、提供日数を決めて契約するマッチングサービスです。一日単位の仕事もあれば、週に2～3日から、フルタイムまで、さまざまな働き方が選択できます。

（例）

SPEEDA EXPERT RESERACH…各業界・分野のエキスパートが、情報やナレッジをレポート・面談等で提供するサービス

顧問名鑑…国内最大級の経営顧問マッチングサービス

HiProBiz…パーソルキャリアが提供する顧問サービス

パソナJOBHUB顧問コンサルティング…パソナグループが提供する顧問サービス

マイナビ顧問…マイナビが運営している顧問紹介サービス

ビザスク…新規事業を成功に導くエキスパート派遣サービス

e顧問…海外に現地法人を持つ企業へのサポートに特化したプロフェッショナルメンター紹介サービス

ＡＢＩＣ（特定非営利活動法人国際社会貢献センター）…国際的な経験・知見・人脈を活かした社会貢献活動提供サービス

・専門知識・スキル・ネットワークなどを「課題別」「テーマ別」に整理

スキル派遣サービスでは、あなたがこれまで経験してきた製品・サービス・業界・商圏・人脈などのあらゆる無形資産を棚卸ししておき、派遣された企業の要望に合わせられるよう、なるべく多くの切り口を示しておきましょう。

その際には、**あらかじめあなたの経験知を必要としている企業が抱えているであろう課題やテーマを明確**にして、「顧客開拓」「商品開発」「新たな地域への事業展開」等のキーワードに落とし込めるよう、整理しておきましょう。

●出口戦略❷で考えられるパターン

ＳＴＥＰ２のキャリアアップ、キャリアシフト、キャリアチェンジが該当します。

特に新たに身につけなくてはならない専門知識やスキルはありませんが、あなたの経験・知識・スキルを、わかりやすく見える化しておくことが必要です。

顧問サービスに登録する人は、「顧問としてのふるまい方」や「心得」などを習得しておくといいでしょう。

事例

自分には「普通のこと」をスキルシェアサービスに登録
～意外や意外！　あなたの思わぬスキルを必要としている人がいる

本村さんは、もうすぐ50歳。ある地方の中小企業の総務部の係長です。入社以来、ずっと総務部の所属で、人事や経理などひと通りの仕事をこなしてきました。社内で新しいサービスや製品を購入する担当部署でもあり、長年簡単な物品購入や選択の社内提案書作成などをこなしてきました。

また、本村さんが、社内で提案書を数多くこなすために考えた、「効率よく提案書を作成するためのテンプレート」は、社内の評判も上々でした。

自分では特に、提案書をつくるのは得意だという意識はなく、「普通にできるレベル」でしたが、あるとき、自分のスキルを「スキルシェアサービス」に登録したことで、本村さんのスキルに対する意識も生活も大きく変化しました。

本村さんは、M爺というビジネスネームで、自分のスキルを次の3つのメニューとして登録したのです。

「社内向け資料作成を長年手がけてきましたM爺です！　よろしくお願いします」

- **提案書や資料の校正・添削　5000円**
- **提案書のテンプレート販売　5万円**
- **提案書の作成　8万円**

今では、月に1～2件、多いときには4～5件ほど注文が入ってきます。

定期的に「校正・添削」を依頼してくるリピート客もあり、お試しで安価なメニューの「提案書の校正・添削」を頼んできた会社が、後日「提案書の作成」を依頼してくるなど、月々の収入は3万円程度から、多い月には10万円を超えることもあります。

「これなら、役職定年後も収入減をカバーできそう」と、本村さんの奥さんのご機嫌もうるわしく、当分は安心して生活できそうです。

解説

スキルシェアサービスでは、仕事に役立つ実践的なスキルや、なかには「こんなスキル、誰が買うのだろう?」と思うような、さまざまなスキルが登録されています。

一方、仕事の受け手を探す企業側には、「社内でスタッフに頼むこともできず、パートを雇うほどでもない」というような事情やニーズがあり、そのようなときに、仕事を単発で発注できるスキルシェアサービスは、便利で頼もしい存在です。


一般的な事務や書類作成、入力業務といったものから、企業だけでなく、個人事業主や個人向けに、「相談にのります」「話を聞きます」「アドバイスします」といったものまであり、世の中には多様なスキルを必要としている人がいるものです。

登録時には、複数のメニューを登録しておくことで購入者の選択肢も広がります。いったん仕事を発注して気に入ると、リピートするお客様もいるため、アップセル(安価なものから徐々に高額なサービスを販売)、クロスセル(一つの商品を購入後に別の商品も併せて販売)なども意識し、メニューのつくり方を工夫して登録しましょう。

本村さんの3つのメニューは、次のような意図で構成されています。
・低価格で試しやすいメニュー…「企画書や社内資料の校正・添削」5000円
・すぐに商品として売れるメニュー…「企画書のテンプレート販売」5万円
・いち押しのメニュー…「プレゼンを通す提案書の作成」8万円

田原からのワンポイントアドバイス

「自分のスキルは、『並み』で、売るほどでもない」と思っているあなた。世の中には必要としている人が待っています。

事例

自分の強みを、スキル派遣サービスで「専門知識特化型」プロフェッショナルとして活かす

~あなたの専門知識を求めている企業がある

岡口さんは、長年化学メーカーに勤務し、食品に関する業務を担当していました。

ところが、ご多分に漏れず、役職定年を迎えて報酬が大幅に下がってしまい、働き続けるモチベーションが湧かず困っていました。

その後、嘱託になった岡口さんはWebセミナーで「顧問サービス」があることを知り、とりあえず登録してみました。正社員の場合には副業は禁止ですが、**岡口さんのように嘱託となった元社員は、副業OKであるケースが多いです。**とは言え、登録して半年しても、なかなか自分に合った内容の顧問の仕事はありませんでした。

ところがある日、2週間に一度、顧問サービス会社から送られてくる定期配信メール、【顧問案件のご案内】の中に、ついに、岡口さんにぴったりの案件が掲載されていました。

同業種の副業をする場合には、利益相反になる可能性があるため、同じ食品群を扱っている会社の仕事はできません。ところが、幸いにも募集されている会社は、今いる会社が扱っている食品と競合しない食品群でした。

以下が、顧問サービスから送られてきたメールです。

【求める人物像】
食品製造販売企業、販売を行う卸売企業にて、事業策定～営業のご経験がある方
【備考】
業務形態…顧問契約
活動頻度…月2～3回程度
活動期間…6カ月～
顧問料金…10万～20万円／月

顧問料金を見て、岡口さんは驚きました。今、ほぼフルタイムで働いている会社でもらっている報酬と、月2～3回だけ行ってもらえる顧問料金を比較すると、顧問料金のほうがずっと効率がいいのです。

早速、顧問サービス会社に連絡し、顧問に就任しました。
岡口さんは今、顧問として未知の食品分野について、事業策定計画を指導しています。新しい自分の可能性に気づき、モチベーションも収入も上がり、楽しく働いています。

解説

岡口さんのケースのように、自分が経験してきた「知識・スキル」を必要としている企業は、日本のどこかに必ずあるものです。

顧問契約では、出社頻度が月２回程度から、勤務形態もさまざまで、テレワークで仕事をすることも可能です。このケースは、これまで当たり前のように毎日出勤していた働き方ではなく、月に数日の勤務でも、あなたの経験知が存分に活かせる可能性があることを示唆しています。

※ただし、副業の場合には、今、勤務している会社と利益相反となる仕事はできませんので、充分注意してください。

田原からのワンポイントアドバイス

本書のテーマである経験知が、「毎日出勤する」という時間単価型の労働から、分離して認められたケースです。

日本のどこかに、必ず、あなたの経験知を必要としている会社がありますよ。

事例

あなたが強い地域の経験を、スキル派遣サービスで「地域特化型」プロフェッショナルとして活かす

～長年培った「地域（地方・国）との繋がり」を求めている企業がある

豊橋さんは、長年自動車メーカーに勤務していました。東南アジアのある国で自動車販売に携わること20余年。当時、まったく土地勘もなく、現地の言葉は無論のこと、英語さえおぼつかない豊橋さんは、たった一人で異国に派遣され、苦労の連続でした。

住まいも自力で探し、英語と現地の言葉が話せる通訳を雇ったものの、ゼロから自社の自動車を扱う販売会社を開拓する仕事は、相当ハードなものでした。

気候は蒸し暑く、単身赴任で家族からも離れて暮らしているため食事も口に合わず、一時は、倒れる寸前までにやせ細ってしまいましたが、徐々に豊橋さんの地道な努力が実り、状況は好転していきました。

豊橋さんの誠実な人柄と細やかな仕事の進め方は、やがて現地の企業の心を掴み、

３年後には、20名ほどの現地採用の人材が働く事業所へと成長します。31歳で赴任した彼が50歳になるころには、自動車販売ルートも着実に拡大して実績も上がり、会社の認知度も向上。事業所は支店へと格上げされ、現地の大手企業との提携も決定し、まさに順風満帆《じゅんぷうまんぱん》でした。

ところが、長年単身赴任を支え、日本に残してきた奥さんが体調を崩し、豊橋さんは早期退職を決意します。まだ50歳そこそこの豊橋さんにとって、**介護による引退は早すぎると知人に勧められ、スキル派遣サービスに登録しました。**

退職後まもなく、願ってもない求人が見つかります。

【求める人物像】
東南アジア〇〇に進出したい企業様より依頼
〇〇エリアで３年以上勤めたご経験がある方で、現地の企業に顔が利く方
【備考】
業務形態…顧問契約
活動頻度…月１回３日程度現地に出向いて、現地企業と当社を繋げられる方

活動期間…1年以上〜
顧問料金…20万円以上／月（交通費、宿泊費は別途支給）

日頃は奥さんの介護で家にいる豊橋さんですが、月3日の出張時には、奥様を「ショートステイ（短期入所）」できる施設に預けられるため、安心して家を空けることができます。

介護による離職が社会問題となっている今、介護を支える家族が活用できる福祉サービスも充実してきています。

奥さん孝行をしながら、長年苦労して開拓した豊橋さんの強みが、いい形で活かせる仕事が見つかりました。

解説

日本でも海外でも、あるエリアに集中して仕事をしていた方は、地域の住民や企業とのネットワークを持っており、地域の特色も十分理解しているものです。

そのエリアで、新規事業を始めたい企業にとっては、まったくつてのないエリアでゼロから繋がりをつくるのは至難の業であるため、このような求人や顧問の依頼はよくあります。

今回の豊橋さんのケースは海外の事例でしたが、**特に技術系のスキルを持つ方は、海外から技術指導の依頼も多い**ものです。開発途上国では、海外と日本の貨幣価値の差から、月々数万円でも豊かな暮らしができるため、海外の仕事を好む方や移住する方もいます。

また、介護の問題は、介護離職や介護ケアラーなど、大きな社会問題にもなっています。

私自身も、両親に加え妹も同時期に倒れてしまい、仕事をしながら3人をケアするという壮絶な介護体験をしました。当時のことは、PRESIDENT WOMANウエブにも掲載されています。

「トリプル介護でも私は働き続けた～育児と比較にならない！　共稼ぎ介護の現実」

https://president.jp/articles/-/29059

これからは、長く仕事をするために、介護の知識を持つことも大切になってきます。

豊橋さんの事例は、介護サービスを上手く活用して、自分の強みも活かせる仕事に就くことができて、しかもやりがいも取り戻したという理想的な事例です。

田原からのワンポイントアドバイス

長年苦労して培った努力は、豊橋さんのように必ずや活かすことができるものです。「55歳を超えても働きたい」あなたにとって、介護は身近で切実な課題です。そんなとき、短期間で効率よく働けるスキルシェアサービス、スキル派遣サービスは頼もしい存在です。介護に関する国のサポートも充実していますから、これらをフル活用して、生涯楽しく働きましょう。

事例

あなたの営業力を「頼れる顧問」として活かす
～取引先の相談対応や課題解決の経験が、かけがえのない資産となる

玉岡さんは、長年、建築資材の分野に勤めていました。55歳の役職定年を迎えるまで、何度か転職しましたが、ずっと建材を扱うメーカーや商社に勤めていました。

そもそも建設関連業界は、取り扱う商材の品目が多岐にわたります。一つの建物や住宅を構成している部材は、コンクリートから、小さなねじ、インテリアからエクステリア、土地の造成等も含めると、３０００社以上の企業が関わっていると言われています。

押し出しのいい玉岡さんは、値段交渉など取引にも強く、信頼できる人柄もあいまって、取引先からも、とても心強い、頼りにされる存在でした。

そんな玉岡さんも、定年を迎える年齢となり、思い立って個人事業主として顧問業を開設することにしたのですが、「顧問サービス」なる業務が世の中にあることを知

らず、自分の屋号を書いた名刺をつくります。

「玉岡です。この度、退職するにあたって、顧問業をすることにしました。何か、お役に立てることがあれば、お声がけください」と名刺を渡しながら、1社ずつ訪問しました。

そんな玉岡さんの人脈や建築資材の知識を活用して、ぜひ自社でもアドバイスをもらおうと、ある取引先は月額5万円、別の会社では月額10万円と、契約が取れ始めました。

ある経営者からは、「月2回は来社して、若手社員に業界の話をしてほしい。研修費をかけるよりずっと安くて実りある教育になる」と、月20万円の顧問契約の申し出がありました。

結果として、**16社の企業の顧問を務め、はや8年目を迎える**玉岡さん。70歳を過ぎた今も、顧問社数は減るどころか、増えているのだそうです。

解説

営業職など、取引先と関わる仕事をしている方は、相手先に役立つアドバイスをしたり、相談にのったり、課題を解決したりした経験があることでしょう。

じつは、会社を退職して売る商品がなくなった途端、その「対応」や「相談業務」そのものが、顧問やコンサルティングとして、対価をいただける仕事になることがあります。

退職時には、あなたの顧問業務の提案を、待っている会社があるかもしれません。

田原からのワンポイントアドバイス

顧問サービスは、単発業務ではなく、とても効率のいい「サブスクリプション（継続購入・継続課金）」のサービスです。

業界に広い人脈やネットワークを持つ方々は、長年の信頼や人脈を、ぜひ価値に変えましょう。

出口戦略❸

転職する

思い切って、新たな世界に飛び込む

●ポイント

「転職する」という出口戦略その❸では、本章のＳＴＥＰ２でご説明した、あなたの新たなキャリア「４つのパターン」の中から、４通りのキャリアを考えていきましょう。「同業種×同職種の中で転職するマイナーチェンジ的転職」から、思い切って「異業種×異職種に転じて、新たな世界に飛び込むフルモデルチェンジ的転職」まで、ありたい姿や現状に合わせて、もっともワクワクするパターンを選ぶといいでしょう。

●あなたの新たなキャリア「４つのパターン」の可能性を考える

①キャリアアップ…同業種×同職種
②キャリアシフト…同業種×異職種

③キャリアチェンジ…異業種×同職種
④キャリアチャレンジ…異業種×異職種

新たなスキルを習得する

STEP2の108ページ以降の説明を再度確認して、①②③④の各ケースに必要な知識やスキルを確認しておきましょう。

①②③④のどのパターンになっても大丈夫です。あなたがこれまで手がけてきた仕事や経験は、必ず何らかの形で活かすことができます。

職務経歴書に、具体的に何ができるか記載する

厚生労働省のジョブ・カードのサイトで、職務経歴書の書き方を参考にして、あなたがこれまで手がけてきた具体的な業務やプロジェクトを書き出しておきましょう。

取得した資格・社内表彰・発表したレポートなども、守秘義務に触らぬ範囲で記載しましょう。

「ありたい姿」を明確にして、転職に臨む

長年勤めた会社を辞めて転職するような場合には、「こんなはずではなかった……」と落胆することがないよう、「転職する目的」を明確にしておきます。

そして、ビフォー&アフターで好ましい変化が起こせるよう、「今ある姿」と「ありたい姿」を、あらかじめ整理しておいてください。

・今ある姿

今の仕事や職場の状態を客観的に見てみます。気に入っているところ、気に入らないところ、自分に合っているところ、合っていないところ、変えたいところ、変えたくないところなどを具体的に書き出します。

・ありたい姿

今の仕事を辞めて、「こんなふうになりたい」という未来のありたい姿やイメージを具体的に書き出します。

その際は、「ただ何となくイメージする」のではなく、具体的に「絶対に譲れないところ」や「報酬や休日等の働き方で、最低限キープしたいところ」「手がけたい具体的な仕事の内容」などを決めておくといいでしょう。

「万一、環境や条件が思い通りにならなくても、なぜ自分はその仕事をしたいのか」を考えておけば、転職後に後悔する可能性も少なくてすみます。

●アンテナを高くして、多くの情報を集める

日本全体の労働人口が減少して、慢性的な人手不足の状態である今の時代、転職関連のサービスを提供する企業は、溢れるほど世の中にあります。

しかも、40歳・50歳・60歳以上のシニアはもちろんのこと、70歳以上の方々にも1万件以上の求人があるｉｎｄｅｅｄや、タウンワークなどのサービスもあります。アンテナを高くして、多くの情報を集めてください。

さらに、高収入を狙いたい方には、ハイクラスの転職サービス会社もあり、年間８００万円以上の報酬も夢ではありません。

●希望する業種・職種に所属している人、転職した人から話を聞く

「隣の芝生は青く見える」という言葉があるように、つい転職先の企業のいい部分だけを見てしまうことがあります。

特に、業種・職種を変えたい方は、実際に就職している人の感想を聞いてみるといいでしょう。

あらかじめ社員として企業に就職した人・辞めて転職した人の率直な投稿が掲載されている、「企業の評判や評価」を掲載している就活関連のサイトサービスも複数運営されています。

評判の真偽のほどは明らかではありませんが、あくまでも参考情報として、掲載されている意見や感想等を読んでみることをお勧めします。

●志望動機を明確にして面接に臨む

転職を成功させるには、あなたの経験・知識・スキルの中で、「何が魅力であなたを採用するか」を企業側の立場で考え、上手くマッチさせせアピールします。

あなたの志望動機が漠然としたものでは、企業の人事担当者のハートには刺さりません。また、「仕事の幅を広げたいので、今の会社は向いていない」といったネガティブな動機はNGです。

異業種や異職種への転職でも結果オーライ

ネクストレベルが運営する「ミライのお仕事」の調査によると、異業種への転職経験者のうち74％が「成功した」と回答し、「失敗した」と回答したのはわずか5・8％にすぎず、入念に情報を収集した後は、ある程度「思い切り」が必要なようです。

※出典：「異業種への転職者104名に調査！74・0％が転職に『成功した』と回答！失敗しないためのコツとは!?」(jobseek.ne.jp)

出口戦略❸で考えられるパターン

STEP2のキャリアアップ、キャリアシフト、キャリアチェンジ、キャリアチャレンジの4パターンすべてが該当します。

ちなみに、「ミライのお仕事」のアンケートによると、転職成功者に聞いた「異業種転職成功に必要な要素」は、第1位が「勇気」67・5%、第2位「柔軟性」55・8%となっています。

事例

「報酬半減・部下なし」ならばと、思い切って転職

～「今ある姿↓ありたい姿」分析で、自分らしく働ける企業に転職

島津さんは、ある製造業の広報課長として活躍していました。社内で初めての社内報や、会社初の「地域ふれあいイベント」を企画・集客・設営して定着させるなど、長年広報の仕事に、とてもやりがいを感じていました。

ところが、そんな島津さんにも「55歳の壁」が立ちはだかります。

56歳からは給料が半減し、部下もつけてもらえなくなるというのです。さすがに島津さんのモチベーションは、最低レベルに落ちてしまいました。

「モヤモヤした気分で悩みながら仕事をするなら、いっそ転職しよう」と決心した

のは、役職定年になる半年前でした。

転職サイトで、同じ地域の食品メーカーの広報・企画職の募集案件を見つけ、さっそく島津さんは応募して面接に臨みました。

面接担当者と話すうち、これまで島津さんが手がけた実績を聞かれ、「地域ふれあいイベント」のことを伝えると、担当者は目を丸くして、あのイベントは自分も注目しており、地域初の素晴らしいイベントだったと褒められることしきり。

数日後、「広報部門のリーダーとして採用したい」という通知が届きました。島津さんは今、前職で長年培ったスキルを発揮し、リーダーとして大好きな広報の仕事に従事しています。

「業種（業界）は変わっても自身の力を発揮できる。むしろ、長年いた製造業の広報より、ずっと新鮮な気持ちで仕事に取り組める」という島津さん。今彼女は、以前にも増してイキイキと働いています。

解説

島津さんの転職前の状況を、「今ある姿」と「ありたい姿」で確認してみます。

・今ある姿

中規模企業の広報室長。もうすぐ役職定年を迎えるため、給料が半減する。部下も持てなくなる予定なので、これまでは自分の部下が担当していた雑用も含め仕事が増え、やりがいのある仕事ができなくなり、給料も減るという三重苦。

・ありたい姿

小さな規模の会社でもいいので、社内報や地域への発信などを任せてもらえる企業を希望。部下はいなくても、他の事務職のパートの方々に手伝ってもらいながら、やりがいのある仕事を手がけたい。

「今ある姿→ありたい姿」分析で、ご自分が譲れなかった条件が、転職によって見事解決していることがわかります。

また、島津さんが手がけた業務の実績が「わかりやすい形や記録」になっていたため、その**実績が、転職する際に効果的な「PRツール」**になっています。

転職すると、「所属していた企業の肩書がなくなり、自分の価値が下がる」と心配する方がいますが、**あなたが手がけた業績は、まぎれもないあなたの「作品」です。**

社外秘のものや、持ち出し禁止の実績を口にするのは言語道断ですが、一般にオープンになっているものがあるなら、ぜひあなたの大切な経験知の結晶として、転職先に伝えましょう。

田原からのワンポイントアドバイス

あなたが苦労して手がけた実績は、あなたの経験知である、知識・スキルの賜物であり、宝物です。実績は、転職する際には、大きな優位点となるため、日ごろから「実績づくり」に取り組みましょう。

「あれを手がけたのは、あなたなのですね！」と言われれば、しめたもの！

肩書がなくなっても、企業名がなくなっても、大船に乗った気持ちで、新しい職場で存分に力を発揮してください。

出口戦略❹

起業する

一念発起して、マイワールドを満喫する

現在は、会社設立の資本金も1円でOK（以前は、株式会社の設立には最低1000万円が必要でした）等、起業のハードルはかなり下がり、簡単になっています。

また、起業時の会社PRに関しても、以前は集客や仕事の受注のため、交通費をかけ、足を棒にして企業を訪問することが必要でした。

それも今では、広告費用もかけず、SNS等でアプローチすることもできるようになりました。外注でしか作成できず高額でもあった自社のホームページ作成も、素人でも簡単に作成できる安価なシステムも出回っています。

ただし、起業すると多くの場合には、他の収入源がない状態となります。

そのため、本書では、リスクを最小限に抑え、万が一のときにも大きく失敗しないように、事業や会社を**「小さく生んで大きく育てる」**方法をご紹介します。

●ポイント

「起業する」という出口戦略その❹では、準備は万全を期し、不退転の決意を持って独立に踏み切りましょう。

まずは、**何で起業をするかを決定**します。

あなたが長年手がけてきた仕事で、その中で、**あなたがもっとも得意なこと、これまで多くのお客様に喜ばれてきたこと**が必ずあるはずです。

それらを、商品やサービスとして、提供できるメニューとしてまとめましょう。それらの商品やサービスに、競合他社等の価格を参考にしながら、適切な価格を設定します。

●「得意なこと」「楽しいこと」「ワクワクすること」で起業する

起業すると、一日の多くの時間、その仕事に携わり、頭の中がいい意味で「仕事でいっぱい」の状態になります。

「嫌いな仕事」や「苦手な仕事」で起業する方はいないと思いますが、「お金のため」

だけでは、起業するモチベーションが継続できないことが多いものです。

自分が一日中考え続けられるほど、「得意なこと」「楽しいこと」「ワクワクすること」をテーマに、起業することをお勧めします。

あなたが「起業するパーパス」を考える

あなたが起業して会社を持つと、その会社は「法人格」を持ちます。

法人格とは、会社そのものが一つの人格を持つこととなります。

また、会社は「収益を上げ、社会に商品・サービスを提供し、メリットをもたらし、雇用を創出し、金銭を循環させ、社会に貢献すること」が目的となります。


あなたの会社は、どのようなパーパス(存在価値・存在意義)があるかを考えましょう。
・「○○で困っている人に、□□を提供したい」
・「○○という課題を持つ企業に、△△という研修を提供したい」
・「地域で○○という希望を持つ人のために、◇◇という場をつくりたい」
など、起業する大義である、パーパスを明確にしておきます。

最近では、社会課題の解決をパーパスに掲げる経営者や企業に共感する方も多く、パーパスに共感して、その企業の商品やサービスを購入するお客様はもちろん、社員として応募する人も増えています。

あなたの「有形資産・無形資産」を結集させる

あなた自身が持っている、ありとあらゆる「有形資産・無形資産」を結集させ、これらをフル活用して、事業を立ち上げていきます。

「あれもない(オフィスがない)」「これもない(従業員がいない)」等と、ないものねだりをしなくても大丈夫。今ある資産で十分起業することができます。

・有形資産

あなたの自宅(仕事場として)、机、パソコン、スマートフォン、文具等。これまで手がけた仕事の成果物や実績、手持ちのお金。

・無形資産

知識・スキル(技術含む)・コンピテンシーなどの経験知や人脈・地域等のネットワーク。

特に、友人・知人・近隣・親戚など、会社員時代の人脈も含め、あなたが起業したことを広く伝えてPRします。仕事は「人」が運んで来るものです。

●スモールスタートで事業を立ち上げ、リスクを最小限に抑える

リスクを最小限に抑えるため、事業を小さくスタートして、収益が上がってきたらそれを資金として投資し、事業を大きくしていく方法をご紹介します。

・最低限必要な経費をチェックする

起業するためには、会社設立関係の登記費用など、最低限必要なコストがかかります。それ以外は、特に費用をかけなくても事業はスタートできます。

・固定費がかかる事務所等は、なるべく抑える

特に事務所を持たなくても、自宅で開業してもいいですし、今は、法人登記が可能で安価なバーチャルオフィスも多数あります。

軌道に乗るまでは、従業員は雇用せず（固定費がかかるため）、自分の代わりに電話対応してくれる「電話秘書サービス」等の外注サービスや、スキルシェアサービス等も活用するといいでしょう。

・名刺と商品・サービスメニューがあれば開業できる

最低限必要なのは、「名刺」と「提供できるサービスや商品」の内容を書いた「サービスメニュー（お品書き）」と、できれば簡単なホームページやカタログ等です。

このような方式なら、設立資金も最小限で開業できます。

あなたが「一人社長」であって、当初は社員が一人もいなくても、提供する商品やサービスの内容が素晴らしければ、お客様に十分喜ばれ、収益は上がり、社会貢献もできるのです。

●出口戦略❹で考えられるパターン

STEP2のキャリアアップ、すなわち同業種×同職種のパターンが、もっとも安心して起業できるでしょう。

起業すると、自分自身が経営者として稼がなくてはなりませんから、これまで以上に高度で専門的な知識やスキルを身につけておきましょう。

また、経営者としての心得、事業計画・収支計画等を策定する知識も必要となってきます。

事例

一日5食の釜めし屋が、今ではバスで団体客を送迎

～「料理好き」がきっかけで、釜めし屋として「食」で起業を決意

千葉さんは、食品会社で事務を手がけていました。さまざまな食品を扱う卸問屋で、

倉庫に行けば、いろいろな食品が並んでいます。

「食品に囲まれているとしあわせ。」という千葉さんは無類の料理好き。食品会社が年に一度、地域の住民向けに開催する「ふれあいバザー」では、郷土料理の担当として来場者に振る舞うなど、大活躍していました。そんな千葉さんにも、50歳の早期退職の話が持ちかけられました。

シングルマザーとして育ててきた子どもたちも独り立ちし、日ごろから、「あとは、余生を楽しく過ごすだけ」と、漠然と考えていた千葉さんは、これを機会に会社を辞めることを決断します。

そして、なんと親戚が保有する山奥の小さな古民家の一軒家で、「釜めし屋」を開くことにしたのです。小さな一軒家なので、「一日5食限定」でのスタート。

なぜ、釜めしかとたずねると、「材料を火にかけて蒸らすだけでできて、従業員もいらないから」とのこと。また、一日5食×800円なら、4000円の収入になる。

家賃は、月1万円。材料費は一日1000円もかからないから、千葉さんの一人暮らしの生活費としては十分、という腹づもりでスタートしたのだそうです。

ところが、ありがたいことに、「山奥にある、一日5食限定の釜めし屋」という珍しさと、美味しい釜めしにつられて、連日お客様がひっきりなしに来店するほどに繁盛することに。

そして、1年後には従業員も3名雇い、隣の母屋まで借りて店舗を拡張しました。

今は、バスで駅から店まで送迎するほどに大繁盛しています。

料理好きで腕前にも定評があった千葉さんの「無形資産」が活きた成功事例と言えるでしょう。

解説

まさに、「好きなことを仕事に」して成功した事例です。

成功の秘訣は、千葉さんの思惑通り、メニュー一つで手間がかからないこと。これなら、一人で開業してもオペレーション負担は最小限に抑えられます。

さらに、釜めしは、材料費もあまりかかりませんし、腐る食材があまりないため、ロスも少ないもの。

口コミでお客様に来ていただくため、「町内会に働きかけて手づくりの手芸品を無料で置く」など、集客の仕組みづくりにも余念がありません。

田原からのワンポイントアドバイス

「好きなことを仕事に」は、絵空事のように感じられる方もいると思いますが、こんなふうに、スモールスタートで賢く起業することもできます。

千葉さんの「無形資産」である料理の腕と、親戚の保有する空き家という「有形資産」を活用した、スモールスタート起業の好事例です！

出口戦略
特別番外編

意外と可能！こんな出口戦略がある

ここまでお話ししてきたのは、「今の会社に残る」「副業する」「転職する」「起業する」という、一般的な出口戦略でした。

ここからは、「出口戦略・特別番外編」です。

具体的には、2つの選択肢があります。

❶「経験知」を形にして売る

❷「コンサルタント」として独立する

言わば、**経験知の本丸、経験知そのものが、お金を生む金の卵**となります。

この2つの選択肢は、私がもっともお勧めしたいパターンです。「えっ、自分には無理」と言わず、ぜひとも、一度はチャレンジしてみていただきたいと思うのです。というのも、弊社のセミナー・ワークショップ・eラーニング受講者の中のかなりの方々が、次のように、驚くような姿に「変容される様子」を、私自身、何度も目の当たりにしているためです。

・ご自身の経験知を研修マニュアルや書籍など、さまざまな形にまとめていくうち、社内で研修講師をするようになるケース
・最初は、「コンサルタントなんて、夢にも見たことがない」「自分のノウハウに自信がない」と言われていた方が、「なんだか、できそう！」と、徐々に変化して、研修講師を経て、コンサルタントとして独立されるケース

などなど、ごく身近で、最初は自信なさそうにしていた方が、いつの間にか「自分には関係ない」「とても無理」「なりたいとも思っていない」と感じていたポジションに、軽やかに就かれるケースが少なくありません。

なぜ、こんなことができるのか。

その秘密は、**経験知を活用する仕事は、基本的には、どのような仕事も、「元手」や「仕入れ」が不要だからです。**これまでご紹介した、スキルシェアサービスやスキル派遣サービスもしかり。

そのうえ、コンサルタントや研修講師は、身体一つで起業できます。ですから、リスクが一切ありません。

特に、会社に属している必要もなければ肩書も不要で、知識さえあれば、永続的に仕事ができます。

もちろん、オフィスを構えなくても自宅で起業できますし、何よりも時間単価は一般の仕事と比較すると、あきらかに高額ですから、あなたの経験知を活かさない手はありません。

私がそんなふうなお話をセミナーや研修等でするると、みなさんとても勇気が湧いてくるようです。

また、一緒に研修を受けた方の中の誰か一人が講師として現場で活躍し始めると、「あの人にできるなら、私にもできそう」と触発されて、次々と講師になる方が増えてくるのです。

ですから、「私には無理」「私には関係ない」と、はなからシャットアウトせず、ここからの3つの出口戦略・特別番外編も、しっかりとお読みください。

出口戦略
特別番外編
❶

〈経験知の最大化〉オンライン講座・研修用のマニュアルをつくる

●ポイント

ここまでに棚卸ししてきた、あなたの貴重な経験知である「知識・スキル」を、まずは、**自分以外の人に「教えられる」状態にしましょう**。

教えられる状態というのは、セミナー講師として登壇するために、「2時間話せる内容を考えてまとめておく」「セミナー骨子をまとめた、簡単な冊子をつくっておく」、あるいは、最近は簡単なｅラーニングプラットフォームを活用して、「オンライン講座をつくっておく」などの方法もあります。

教えるテーマの選定は、第2章で棚卸しした、あなたの知識・スキルの中から選んでもいいですし、これまでの4つの「出口戦略」で書き出したものでも構いません。
また、仕事に関するものだけでなく、ギターや俳句、スポーツ、タロットなどの趣味に関するものでも大丈夫です。

世の中とは面白いもので、**どのようなテーマであっても、あなたのスキルを必要とし、「習いたい」と思っている人が、どこかにいる**ものなのです。
あなたが大好きなテーマ・自信があるテーマを選びましょう。

これらを最初は、「社内講師」「無料で話すボランティア」や、副業という形でスタートさせて、自信がつき収益が上がってきたら、独立してもいいと思います。

まずは、比較的難易度の低い「社内セミナー講師」ができるようになり、徐々に段階を踏んでステップアップして、最終的には、出口戦略・特別番外編❷のコンサルタントや、出口戦略・特別番外編❸の大学教員にも繋げていきましょう。

●社内セミナー講師：社内で、あなたの得意分野の経験知を教える

セミナー講師は、準備さえしておけば、どなたでもかなり簡単にチャレンジできます。なぜなら、「日ごろあなたが職場で部下を指導しているときに、伝えている内容を、何かテーマを絞ってお話しする」だけだからです。

上手に話せるかどうかは問題ではありません。ポイントは、**経験知**です。要するに中身が大切なのです。**話す内容が、誰かの役に立つもの**であれば、パワーポイントに文章を記載して、その原稿を棒読みしてしまっても、まったく構いません。

たとえば、「出口戦略❶今の会社に残る」を選択した太田さん（157ページ）なら、

・印刷技術について、知っておきたいポイント
・客先の要望をヒアリングし、満足度の高い印刷物に仕上げるポイント
・納期が間に合わない場合の、客先との調整の仕方やクレーム対応

などのテーマが考えられます。

これらのテーマを、**セミナーの所要時間（30分・1時間・2時間など）に合わせて、**

話す内容をまとめ、構成しておきます。

社内研修講師：簡単な研修プログラムを考えて教える

社内セミナー講師ができれば、社内研修講師もできるようになります。

社内セミナーで、「短い時間、1つのテーマでお話しすること」に慣れたら、次は研修ができるようにしましょう。

セミナーより、**少し長い時間をかけてワークなども取り入れて、1つのテーマでまとまったお話し**ができるよう、話の構成を組み立てて「研修プログラム化」しておきます。

太田さんの場合には、

・印刷の受注から納品まで～顧客満足度の高い印刷営業とは

など、2～6時間程度でお話しできる内容を組み立てられるでしょう。

●社外研修講師：一般の人（社外の人）に教える

社内研修講師ができるようになれば、その内容を少しアレンジして、**「自社内だけでなく、同業他社にも当てはまる内容」にアレンジ**してみましょう。

たとえば、「他の印刷会社にも当てはまる内容」という部分を少しご説明します。印刷のプロセスはどの印刷会社でも同じだと思いますが、現在の勤務先である会社に特有の内容は一般的な内容に変更・抽象化する必要があります。

さらに、もし可能ならば、あなた独自のオリジナルな研修用資料を用意できれば、なおいいでしょう。

研修用資料は、パワーポイント資料を縮小して作成してもいいですし、研修でお話しする内容を、ワードで列記しておけば、30～50ページ程度の資料は、意外と簡単につくることができます。

●社外研修講師：「My教科書」を出版する

社外の研修講師として講演し、研修用マニュアルの作成ができるようになったらしめたもの。

研修用マニュアルに、その仕事に必要な知識やコラムなどを書き足して、**あなたが研修する際の「My教科書」として、Kindle出版等の電子出版や、オンデマンド印刷**を考えてみましょう。

マニュアルが50ページできていれば、知識やコラムを組み立てて、あと50ページ書き足せば、合計100ページとなります。My教科書としては、100ページあれば、十分販売できるボリュームです。

研修する際には、そのMy教科書をテキストとして販売すれば着実に売れていきますし、必要な冊数だけ、その都度オンデマンドで印刷すれば、在庫リスクもありません。

そして、**出版は、研修講師にとっては非常に強力なツール**になります。

自己紹介する際には、「私が執筆した著書です」と、名刺代わりに著書を差し上げることができますし、本を読んだ方々から、自然に研修の依頼が来るという、うれしいおまけまでついてきます。

●Ｍｙ教科書のフォーマットを活用する

研修では、「いい話を聞けてよかった」で終わらぬよう、受講者の困りごとや課題を解決するための具体的な方法を教えることが大切なポイントです。

そして、受講者に「何らかの行動変容」を起こすことができれば、研修は成功で、効果があったことになります。できれば研修前⬇研修後の「受講者アンケート」等を取っておくといいでしょう。

このように、成果を目に見える形で表すことができれば、企業は、研修を依頼してくれます。

Ｍｙ教科書の場合も同じく、あなたのＭｙ教科書を読んで、「Ｂｅｆｏｒｅ↓Ａｆｔｅｒ」のように、研修同様、変化を起こさせることが必要です。

弊社では、これまで大企業のマニュアル・ガイドライン・カタログ・プレゼン資料など、１００冊以上を手がけています。

また、Ｍｙ教科書には、アカデミックな理論の裏づけ等があったほうが、より説得

My 教科書のフォーマット

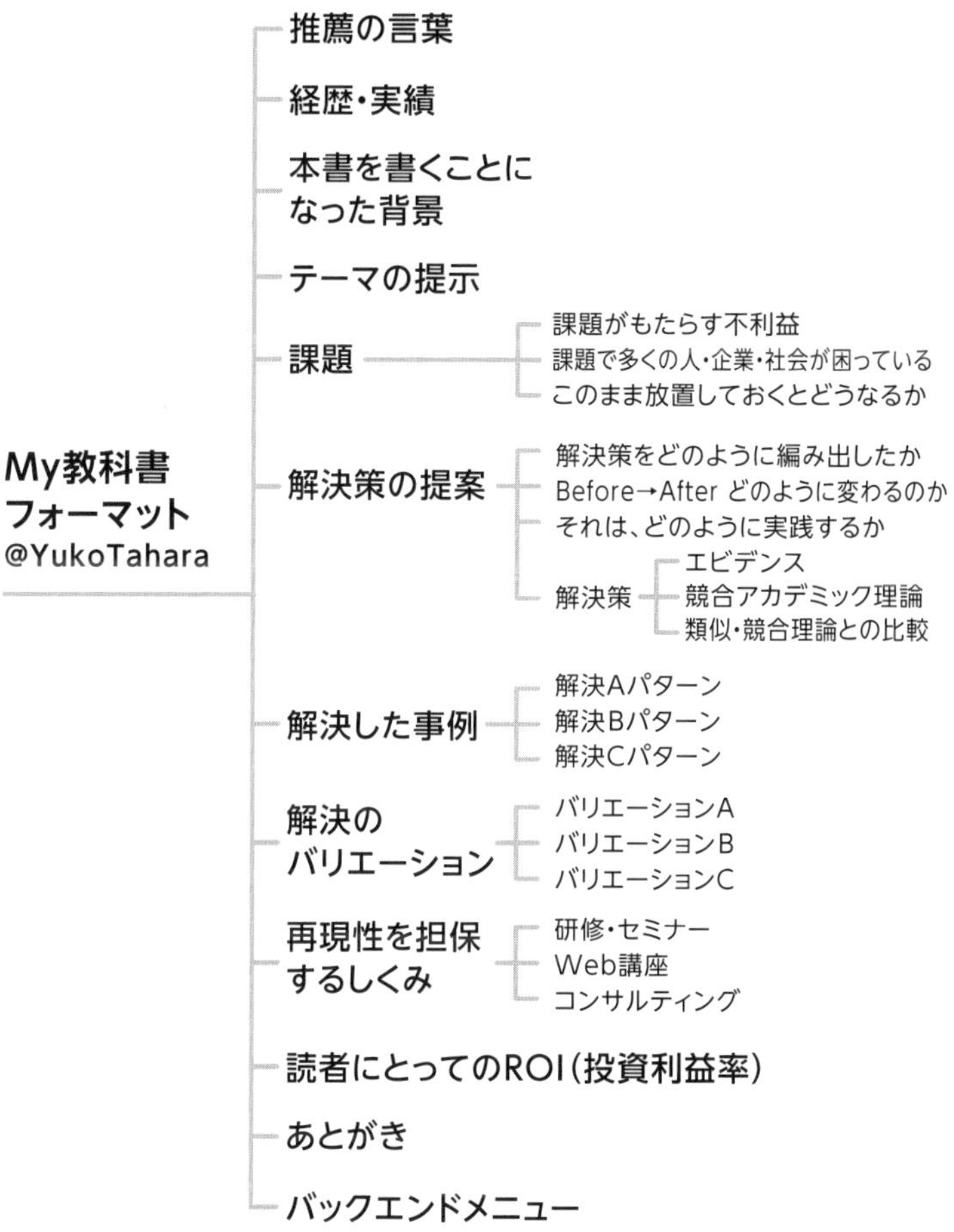
My教科書
フォーマット
@YukoTahara
推薦の言葉
経歴・実績
本書を書くことになった背景
テーマの提示
課題
課題がもたらす不利益
課題で多くの人・企業・社会が困っている
このまま放置しておくとどうなるか
解決策の提案
解決策をどのように編み出したか
Before→After どのように変わるのか
それは、どのように実践するか
解決策
エビデンス
競合アカデミック理論
類似・競合理論との比較
解決した事例
解決Aパターン
解決Bパターン
解決Cパターン
解決のバリエーション
バリエーションA
バリエーションB
バリエーションC
再現性を担保するしくみ
研修・セミナー
Web講座
コンサルティング
読者にとってのROI（投資利益率）
あとがき
バックエンドメニュー

力が増すため、弊社では、研修講師を目指す方々に、前ページに載せた「My教科書フォーマット」を提供して作成をサポートしています。

オンライン講座：教えられる内容をオンライン講座に登録する

教科書ができれば、あなたの作成した教科書をもとに、研修でお話ししている内容を録画・録音するだけで、オンライン講座が構築できます。

最近では、**オンライン講座を作成できるさまざまなサービス**もあり、システムも多種多様です。一方で、オンライン講座を自分でつくり告知していくのは結構大変なので、オンライン講座のプラットフォームなども活用してみるといいでしょう。

・オンライン講座プラットフォーム

次のようなオンライン講座プラットフォームには、さまざまな講師のオンライン講座が登録されています。

（例）

Udemy

コエテコカレッジ
ストアカ

私が経営する株式会社ベーシックでも、みなさんの経験知に特化した、オンライン講座のプラットフォームを構築する予定です。楽しみにお待ちいただければと思います。ぜひ、あなたの経験知を多くの方に伝えるために、ご活用ください。

事例

面倒な仕事や「課題解決」は、金のたまご！
～他の人がやりたがらない仕事を引き受けてきたあなたに朗報！

新築の素晴らしいタワーマンションが立ち並ぶ一方で、高度成長期に建築された古いマンションやゴースト化した団地・公団には、多くの課題が山積みになっています。10年ほど前から、緒方さんが勤める不動産会社には、こうした古いマンションが抱えるさまざまな課題が持ち込まれ始めていました。住民同士のもめごとから、管理費の滞納、建物の深刻な劣化など、面倒な課題ばかりです。

誰もが避けたいこうした仕事の引き受け手は、社内でもなかなか見つかりません。

緒方さんは、その仕事を押しつけられ、仕方なく引き受けることにしました。

同僚が、華々しい新築マンション販売の仕事をする中、緒方さんには、さまざまな課題を持つマンションの、これまた面倒な課題ばかりが持ち込まれます。

しかし、10年もその仕事をしているうち、**緒方さんにはマンションの課題解決の経験知が蓄積されていきました**。そして、マンションで起こる課題は、いくつかに整理することができることに気づき、課題解決を愚直に実践していました。

すると、あるマンションのトラブルの取材でたまたま知り合った記者から、業界紙への執筆を頼まれるようになって、ちょくちょく記事を書いていました。

それからというもの、セミナー講師の依頼が頻繁に来るようになりました。その後、自分がまとめた教科書代わりの小冊子をセミナーで配っていたところ、**不動産関連の出版社から出版の話**が持ちかけられたのです。

55歳の役職定年で、緒方さんは出版をきっかけに研修講師として独立。

さらに緒方さんは、マンションが抱えるさまざまな課題解決の専門コンサルタントとして看板を掲げるため、鋭意準備中です。
この先、かなり忙しくなりそうなので、自分が出かけて行って講義しなくてもノウハウが伝えられるよう、オンライン講座もあわせて構築中です。

解説

社内で何らかの「課題解決」や「難易度が高く、人が嫌がる仕事」を手がけていた方は、それ自体に価値があり、多くの課題解決の経験知が蓄積されています。

課題解決は、セミナーや研修のテーマとなるばかりか、出版の元ネタにもなり得ます。その理由は、読者が本を購入する動機として、何らかの課題を解決したい、つまりビフォー&アフターが求められているからです。

長年仕事をしているうちに、どんな人でも、その仕事に関する何らかの課題を解決してきたはずです。

ぜひ、あなた自身が手がけてきた**「課題解決」について語り(セミナー)、文字にして(出版)、他人に教えて(研修)みる**ことをお勧めします。

田原からのワンポイントアドバイス

いい人ほど、職場で面倒な仕事を押しつけられるもの。
そんなあなた！　ぜひ、ご自身の課題解決策を話す・書くなどの方法で表現して、
人生の逆転ヒットを打ちませんか。

出口戦略
特別番外編
❷

〈コンサルタントとして独立〉経験知をパッケージ化して企業をサポート

●ポイント

コンサルタントと名乗っている多くの方が、何か専門特化した強みを持って報酬を得ています。

たとえば、120ページでご紹介した佐藤さんの場合は、長年出版社の編集長として活躍し、新人作家を発掘してきたノウハウをまとめ、「出版コンサルタント」として、本を出版するためのノウハウを武器にコンサルティングをされています。

●研修講師として教えてきたことを、コンサルティングを通じて伝える

出口戦略・特別番外編❶でお伝えした内容ができるようになれば、コンサルタントとして人や企業を指導することは、それほど難しくありません。

・コンサルティングの流れ

コンサルティングでは、何らかの課題を解決していきますが、たとえば、213ページでご紹介したような「My教科書のフォーマット」にそって実施すれば、誰でも抜け漏れなくコンサルティングができるようになります。

佐藤さんの場合ならば、著者を目指す人たちは「出版したいのに出版できない」という課題を持っています。

たとえば、こうした課題を持つ出版希望者のためにセミナーを開催して、この教科書を有料で販売してもいいでしょう。そして、コンサルティングでは、教科書の流れにそって、数カ月をかけて、実際に指導していきます。

●セミナー・研修とコンサルティングの違いとメリット

コンサルティングはセミナーや研修と違って、「一定期間(例・6カ月~数年)継続して行う」ため、**安定した継続収入が得られます。**

セミナーや研修は1回きりか、単発の依頼の連続です。そのときどきによって、仕事の依頼を受ける量には波があります。また、単発のセミナーや研修では、受講者にとって成果が出にくいのも難点です。

一方、コンサルティングは、最低でも数カ月の期間をかけて、成果を出すために継続してサポートしていきます。

また、単発ではなく一定の期間をかけて人や企業と関わるため、お互いのことをよく理解できますし、**コンサルタントとしてもっとも大切な「信頼関係」を築く**ことも可能です。

私の場合、「田原さん、永遠にうちを見てください」とおっしゃってくださるクライアントもあり、社内業務の見える化や、未来を創るプロジェクト、ブランディングプロジェクトなど、10年以上継続して契約している企業もあります。

社員の方々とはまるで家族のような関係になり、人材や企業の成長が楽しみでなりません。

●成果を出すアウトプットを明確にすること

一方で、コンサルタントは結果を出すことが求められますので、何をアウトプットするかを明確にしておきましょう。

たとえば、佐藤さんの場合には、コンサルティングを受けた人が「出版すること」がアウトプットになります。ただし、相手の力量次第でもあり、また、相手が本気でコミットしないケースもあります。あるいは、テーマが出版社に受け入れられず、結果を出せない(出版できない)こともあり得ます。

そのため、コンサルティング契約を受託する際には、そのあたりのことを配慮して、あらかじめ契約書などに予防策を盛り込んでおくことが大切です。

●競合と差別化できるスキルを身につける

世の中には、自分と同じようなテーマで独立しているコンサルタントや競合先が、数多く存在しています。

それは、決して悪いことでも恐れることでもなく、それだけ世の中にニーズがあり、課題解決ができない人や企業が多く存在している証拠でもあります。

ただし、競合先とは異なる、「あなたにお願いしたい」と言われるコンサルタントになるために、私がお勧めしているのが、自分の得意分野以外で、幅広く活用できる**「汎用性の高いテーマのコンサルティングスキル」**を身につけることです。

たとえば、国家資格の中小企業診断士や、コーチングのスキルなど、資格が取れる講座がお勧めです。

私自身も、コーチングやアクションラーニング、キャリアカウンセラー、介護離職防止のための資格など、多様な資格を取っています(隠れ資格取得オタクです！)。

これらの講座を受講すると、受講者同士で仲よくなり、いろいろと情報交換もできるので、ぜひ、ご自身が興味を持てる、何らかの講座を受講してみましょう。

また、弊社でも、いくつかの講座を主催しています。もっともお勧めなのが、経験知を棚卸しするスキルを習得し、企業でコンサルティングを実践指導できる、ＣＫＯ(Chief Knowledge Officer)養成講座です。

長年培った、「暗黙知を形式知化するノウハウ」をオンライン講座で学んでいただき、月に一度、私がグループコンサルティングしながら、実際に受講者のみなさんがコンサルタントとして活躍＆指導できるよう、アドバイスするという講座構成になっています。

https://www.km-lab.world/

また、講座内では多くの企業からご依頼いただいている、社内業務の見える化をしながら、業務のムリ・ムラ・ムダを省き、企業の生産性を向上させたうえで、個々人の持つ暗黙知を棚卸しする方法をお伝えしています。

講座を受講すると、生産性向上と暗黙知の棚卸しができるため、一石二鳥のコンサルスキルとなっています。このメソドロジー（体系化された方法論）は、全国能率大会（経済産業省後援）で、三度論文表彰されているプログラムでもあります。

２０２３年度には、このメソドロジーを活用したプロジェクトの事例が、全日本能率連盟が主催する全能連マネジメント・アワードで「コンサルタント・オブ・ザ・イヤー」として表彰されました。

出口戦略
特別番外編
③

〈専門性が意外なところで活きる〉「実務家教員」として、大学・大学院で教える

●ポイント

「大学の講師なんて、自分には縁がない……」

じつは、5年前まで、私もそう思っていました。ところが、それは大きな間違いでした。

今の時代、あなたや私のように、**現場で培った一定レベル以上の経験知を持っている「実務家教員」が求められている**のです。

●なぜ、実務家教員が必要とされているのか

『実務家教員への招待』（実務家教員COEプロジェクト編集 学校法人先端教育機構）の中で川山竜二氏は、

「実社会での経験を持つ企業人は多様な知やスキルを実践知＝専門知にする担い手であり、これから実務家教員の役割はますます大きくなっていくだろう」

と述べています。

●実務家教員になるためには

・あなたの経験知を「シラバス」にするとどんな授業ができそうか

シラバスと呼ばれる授業の目的・到達目標・授業内容・1年間の授業計画・評価方法などを記載したものを考えてみるといいでしょう。

シラバスは、各大学がWeb上に一般公開しています。私が所属している社会構想大学院大学の実務教育研究科のシラバスは、こちらになります。

https://www.socialdesign.ac.jp/professional-education/syllabus/

今は、昔とはかなり異なる、さまざまな授業があることに気づくことでしょう。

たとえば、ある大学では、「インバウンド・ツーリズム論」「情報メディアと観光」

など、ホテル・旅行会社などで実務を経験した実務家教員の経験が活かせそうな授業科目が多くあります。

これらの授業のシラバスも開示されていて、具体的な授業の内容や、どのように評価して成績をつけるかなども記載されています。

ここでのポイントは、「あなたの実務経験が活かせそうな科目」を見つけること。

各大学や大学院で開示されているシラバスを参考に、あなた独自のものを作成してみるのもいいでしょう。

・実務家教員養成講座を受講する

最近は、大学教員になりたい方も増えており、いくつかの大学では「実務家教員養成講座」を開催しています。

社会構想大学院大学でも、実務家教員養成課程があり、実務家教員に必要な、「実務能力」「研究能力」「教育指導力」を養成しています。

シラバス作成、教材作成、研究指導法、模擬講義などの授業で構成されており、課程修了後、履修証明書が交付されます。

特定一般教育訓練給付金の対象となっており、一定の要件を満たした場合、課程終了後に授業料の40％が還付されます。

・**就職先の探し方**

教員を公募している大学を探すには、国立研究開発法人科学技術振興機構が運営している、ＪＲＥＣ－ＩＮ Ｐｏｒｔａｌがお勧めです。

私もこのサイトで公募情報を見て、今の大学院に応募し合格しました。

https://jrecin.jst.go.jp/seek/SeekTop

一年を通じて多くの公募情報がありますので、ぜひ、一度チェックしてみることをお勧めします。

事例

インテリアのショールームで培った企画ノウハウを大学生に伝授

～インテリアコーディネートから企画まで、一気通貫で教えられる特任教授に

宍戸さんは大学を卒業して、都内にあるメーカーに就職しました。ちょうどその年は、都内一等地にあるインテリアショールームの立ち上げ時期に重なり、新入社員だった宍戸さんは、ショールームの立ち上げから企画まで、一気通貫でつぶさに学ぶ機会を得ました。

有名な建築家を講師に招いたセミナーや、海外のインテリアショップとのコラボイベントなど、新しい試みが次々と行われ、ショールームは一年中、活気に満ちていました。

ところが、そのメーカーはトップマネジメントの入れ替わりと同時に、保守的な消極派路線に転換し、新しい試みはことごとく却下され始めました。

社員のモチベーションも一気にダウン。華やかだったショールームには、人影もまばらな状態となってしまいました。

そんなときに声をかけられたのが、**住空間デザイン学の講義科目を持つ大学の特任教授のポストです。**

宍戸さんのように、インテリアコーディネーターとしての資格を持つだけでなく、ショールームの企画や立上げ等を手がけたことがある講師は、大学にとっては願ってもない希少な人材です。

「誠心誠意、学生たちに私が実社会で学んできたノウハウを教えたい」という宍戸さん。

退職とともに、インテリアコーディネーターとして独立し、大学の特任教授という二足の草鞋《わらじ》を履いて、仕事人生の第二ステージを満喫しています。

解説

住宅や建設の仕事は、理論を知っていても、実践経験がなければ心もとなく、現場の経験が、実務家教員としての本領をもっとも発揮できる業種です。

これは、工場や農業なども同様で、机上の空論ではない、現場でこそ培えるノウハウが蓄積されていきます。

まさに、この現場の経験知こそが、専門職大学や専門職大学院で求められているポイントです。あなたの現場の経験知を求めている専門職大学や学生たちは、世の中のあちこちに存在していると思います。

田原からのワンポイントアドバイス

オフィスではなく、さまざまな現場で仕事をしてきた方は、ぜひ、現場の経験知を活かして、教鞭をとってみませんか。

座学やアカデミックな理論では、「教わることができない」「実際に手がけてみなければわからない」など、あなたが持つ現場の経験知や具体的なノウハウを、学びたがっている学生たちが待っています！

エピローグ

ありたい自分、希望する収入に合わせて、ブラッシュアップしよう

～進化するあなた自身を楽しもう

あなたの好きな仕事にチャレンジする

ＳＴＥＰ４の７通りの出口戦略の中で、あなたはいったいどの戦略を選びましたか。まだまだ妄想の世界かもしれませんが、ぜひ具体的にイメージをして、実際にチャレンジしてみましょう。

今は人生１００年時代ですから、55歳は半ばを少しすぎたくらいの地点にすぎません。まだまだ20年はゆうに働けます。

出口戦略は、一つと言わず複数のかけ持ちも可能ですし、やってみて自分には合わないと判断すれば、また次のチャレンジをすればいいだけです。

55歳までずっと働き続けてきたみなさん、本当にお疲れさまでした。ある程度まとまった退職金がもらえるほど頑張って働かれたと思いますから、これからはあなたの強みを活かし、あなた自身がワクワクする仕事にチャレンジしてみてください。

●ポイント

終身雇用制度は、日本特有のありがたい制度でしたが、その制度のおかげで、私たちは、さまざまな制約も課されてきました。

たとえば、「人事権」を会社側が持っているのは日本だけです。

海外では、ジョブ型雇用制度ですから、働き手側が人事権を持っているのです。

これからは、あなた自身の人生を思い切り謳歌して、自由自在に働きましょう。

私の尊敬する田坂広志氏は、著書『仕事の報酬とは何か』（PHP研究所）の中で、仕事には目に見えない三つの報酬があり、それは「能力」「仕事」「成長」だと述べています。


いくつになっても働き続けること、社会に役立ち、誰かの役に立つ仕事があり、何歳になっても成長し続けられることは、何より生き甲斐の一つになるのではないでしょうか。

事例

IBMを定年退職後、60歳すぎて保育士に

～無縁だった「待機児童問題」の解決に取り組む

高田さんは、日本IBMで38年間働き、60歳で定年。その後もIBM関連会社で非常勤の研修インストラクターの仕事をしていました。

ある日、新聞を見ていると、「待機児童」に関する記事が目に飛び込んできました。「保育園落ちた日本死ね」がユーキャン新語・流行語大賞のトップテンに入った2016年のことです。

それを見た高田さんは、保育士になろうと決心して、奥さんに相談します。ところが奥さんは、「仕事ばかりで、子どもの世話もしたことがないあなたには無理」と一蹴します。

高田さんはあきらめきれず、通信教育で保育士の資格を取得します。しかし、60歳すぎた男性の保育士の雇い手はなかなか見つかりませんでした。

やっと見つかった週3日勤務の近所の新設保育所では、30代の女性が上司。現役時

代には、100人もの部下を持つ大企業の部長だった高田さんには、さすがに抵抗感がありました。

しかし、保育士として2年が経過、子どもたちが「じじ先生」と飛びついてきてくれる瞬間が何よりうれしい、運動会や発表会でわが子の成長を見て涙ぐむ親御さんたちを見ると、高田さん自身も感涙してしまったそうです。

自分の人生を楽しみながら、保育士として、セカンドキャリアを充実させた、素晴らしい事例です。

https://lifeshiftjapan.jp/interview/4451/

解説

私たちは、無意識のうちに仕事に対する先入観を持っているものです。

たとえば、保育士は女性がするもの、看護師も同様かもしれません。

しかし、こうした先入観や固定観念を払拭して、自分が関心を持ち、興味ある仕事、楽しめる仕事に取り組めるのは、何よりこれからの自身の人生を変えるきっかけになるかもしれません。

田原からのワンポイントアドバイス

55歳からの人生は、まさに二毛作の世界観です。一つの仕事人生をやり終えて、次の新しいチャレンジをすれば、人生が2倍も3倍も楽しめるのではないでしょうか。

人生100年時代、生涯一つの仕事を極めるのもいいですが、たった一つの仕事だけでは、もったいないかもしれません。

ぜひ、思い切り仕事や人生を謳歌したいものです。

おわりに

みなさん、最後までお読みいただいて、本当にありがとうございました。

そして、この本を手がけてくださった書籍編集者の遠藤励起さん、かんき出版の大西啓之さんには、心よりお礼申し上げます。これまで、15冊ほど本を手がけていますが、こんなに丁寧に本を創っていただいたことはありません。

お二人には、心から御礼申し上げます。

この本が生まれたきっかけは、本田健さんの作家デビュー20周年パーティーで、健さんのはじめての著書を手がけられた遠藤さんと久しぶりに再会したことです。

遠藤さんに経験知のお話をしたところ、「おもしろい！　本にしましょう」と二つ返事で出版企画を引き受けてくださいました。

本田健さんは、「Ｈａｐｐｙ Ｍｏｎｅｙ」を提唱され、世界中で活躍されています。

私もその背中を追いかけて、みなさんが持つさまざまな経験知を通じて、世の中のお役に立ちながら賢くお金を稼いでいく、「ワイズ・マネー」の素晴らしさを世界中に伝えていきたいと思います。

じつは、経験知や暗黙知を経営に役立てるナレッジ・マネジメントは、開発途上国などを支援するＪＩＣＡや世界銀行でも広く活用されている、人・組織・事業・国家を発展させる素晴らしいノウハウです。

たとえば、世界から注目されてきた、日本のものづくりの経験知を青年海外協力隊等の活動を通じて伝えることで、これまで世界の多くの国々が発展していきました。

それほど、経験知は素晴らしいものなのです。

ここで、一つだけ、企業の人事部や経営者の方々にお断りをしたいことがあります。この本は、「役職定年」について、肯定的には捉えていませんが、じつは、役職定年は、日本のメンバーシップ型雇用制度においては、致し方ない制度でもあります。

しかし、一人ひとりの経験知を明らかにすることなく、55歳という年齢で一律に役職定年を導入しているなら、それは、やはり問題だと思います。今、国を挙げて推し進めている「人的資本経営」にも逆行してしまいます。

そして、私自身はこれからは、人が持つ経験知のみならず、「おもてなし」や「和を大切にする心」など、日本にしかない経験知・暗黙知の素晴らしさを広めていきたいと思っています。

また、世界を見渡すと偉人のノウハウをメソッドにまとめ上げられている、ナポレオン・ヒルやデール・カーネギーの本が、時代を越えて読み継がれるベストセラーになっていますが、私たち日本人にも同じことができるのではないか、という夢を持っています。

日本にも偉人伝はありますが、めざましい業績を残した日本の経営者や人間国宝、アーティストの方々などの経験知・暗黙知を、見える形(形式知)にまとめた本は、まだまだ少ないと思います。

また、日本的経営など組織が持つ経験知・暗黙知も含めて私の大切なライフワークとして本にまとめ、日本の強みや素晴らしさを、世界中に伝えていきたいと思っています。

本書を締めくくるにあたり、いつも私を見守り、支えてくれる夫や娘たちに、心から感謝を伝えたいと思います。夫は、執筆や仕事に明け暮れている私の様子を察して、夕食後の団らんの時間や旅行先での夕食後には、いつも「祐子、もう俺にかまわず仕事していいよ」と声をかけてくれます。

娘たちが育ちざかりのころも、私に代わって子育てをしてくれ、心からサポートしてくれました。そのお陰で、娘たちも、自分たちの才能に気づき、大きな芽吹きを目前としています。

これから、25年余り続けてきたそのような仕事のスタイルを、この本の出版とともに大きく変え、教育者である夫の経験知を世の中の役に立てるべく、恩返しをしていきたいと思っています。

そして、同じく教育者である亡父、そして母に、心から「ありがとう」と、この場をかりて伝えたいと思います。

最後に、本書を読んでくださった大切なあなたへ——。

本当にありがとうございました。

地球上のどんな人にも、かけがえのない宝物である経験知があります。

そして、あなたの中にも、もちろん、限りない多くの経験知があります。
それはまだ、あなた自身、気づいていない経験知かもしれません。
しかし、それは、あなたの中に確実に存在しています。

あなたの経験知を教えてもらうことを待っている人や仕事があります。
それは、とても身近なところかもしれませんし、日本のどこか遠いところにあるかもしれません。
もしかすると、それは海外の見知らぬ国の見知らぬ村かもしれません。

あなたが人生の長い時間をかけて培ってきた経験知は、あなたを、そして地球上のどこかの誰かを救うことに、きっと繋がると思います。

さあ、ご一緒に、あなたの経験知を探す旅に出発しましょう。

あなたの素晴らしい経験知が、あなたや世界を大きく変えていくきっかけとなりますように、心から願っています。

感謝を込めて　田原　祐子

『55歳からのリアルな働き方』

読者限定 無料プレゼント中！

3つのスペシャル特典

特典1
あなたの経験知を言語化する12の質問～
オリジナルワークシート

特典2
著者が語る！「あなたの才能（強み）」を見つけるためのヒント～
オリジナル動画コンテンツ

特典3
あなたの経験知をワイズ・マネー（Wise Money）に変える！　大切なマインドセット～
オリジナル音声コンテンツ

このたびは本書を手にとっていただき、誠にありがとうございます。読者特典として、書籍では伝えきれなかったコンテンツを用意しました。下記、QRコードまたは専用URLよりお受け取りください。

https://www.km-lab.world/tokuten/

●特典配布は、予告なく終了することがございます。お早めにダウンロードください。
●特典は、インターネット上のみでの提供になることをご了承ください。

【著者紹介】

田原　祐子（たはら・ゆうこ）

◉――人材開発コンサルタント。「コンサルタント・オブ・ザ・イヤー」（全能連マネジメント・アワード2023）受賞。ナレッジ・マネジメントの研究者。長年多くの経験を積んだ人が、無意識のうちに使っている「経験知（仕事の実践を通じて蓄積した知識・スキル・コンピテンシー）」や「暗黙知（人や組織に内在する洞察・ノウハウ・叡智全般）」を形式知化・言語化し、人や組織の活性化・生産性向上に貢献することを得意としている。

●――社会構想大学院大学教授として、ナレッジ・マネジメントや、人材育成・学習する組織（組織開発・チーミング）の授業を担当。対象となる社会人（企業のミドル・シニア、官僚、経営者、教員、校長等）から、「この授業が受けたくて、大学院に入学しました！」という声が多数寄せられている。

●――自身が創業し25周年を迎えた株式会社ベーシックでは、独自のメソッドにより、上場企業から中小企業、個人事業主などを対象に、学校、病院、介護施設、伝統工芸関連会社、弁護士事務所など、累計で1500組織・13万人以上の人材開発に取り組んできた。

●――著書に、『マネージャーは「人」を管理しないで下さい。』（秀和システム）、『がんばりやのあなたをラクにするメンタルデトックス』（実業之日本社）、『女性を味方につけたら、仕事は９割うまくいく』（学研プラス）など多数。

★ 株式会社ベーシック　basic7.com/company/

55歳《さい》からのリアルな働《はたら》き方《かた》

2024年 3 月 4 日　　第 1 刷発行

著　者――田原　祐子

発行者――齊藤　龍男

発行所――株式会社かんき出版

東京都千代田区麹町4-1-4 西脇ビル　〒102-0083

電話　営業部：03(3262)8011㈹　編集部：03(3262)8012㈹

FAX　03(3234)4421　　振替　00100-2-62304

https://kanki-pub.co.jp/

印刷所――図書印刷株式会社

　ISBN978-4-7612-7723-9 C0030